Antike und moderne Skepsis zur Einführung

Markus Gabriel

Antike und moderne Skepsis zur Einführung

JUNIUS

Junius Verlag GmbH
Stresemannstraße 375
22761 Hamburg
www.junius-verlag.de

Umschlaggestaltung: Florian Zietz
Titelbild: Sextus Empiricus
Satz: Junius Verlag GmbH
Printed in the EU 2021
ISBN 978-3-88506-649-1
3., unveränderte Auflage 2021

Bibliografische Information Der Deutschen Nationalbibliothek
Die Deutsche Nationalbibliothek verzeichnet diese Publikation in der Deutschen Nationalbibliografie; detaillierte bibliografische Daten sind im Internet über http://dnb.dnb.de abrufbar.

Zur Einführung …

… hat diese Taschenbuchreihe seit ihrer Gründung 1978 gedient. Zunächst als sozialistische Initiative gestartet, die philosophisches Wissen allgemein zugänglich machen und so den Marsch durch die Institutionen theoretisch ausrüsten sollte, wurden die Bände in den achtziger Jahren zu einem verlässlichen Leitfaden durch das Labyrinth der neuen Unübersichtlichkeit. Mit der Kombination von Wissensvermittlung und kritischer Analyse haben die Junius-Bände stilbildend gewirkt.

Von Zeit zu Zeit müssen im ausufernden Gebiet der Wissenschaften neue Wegweiser aufgestellt werden. Teile der Geisteswissenschaften haben sich als Kulturwissenschaften reformiert und neue Fächer und Schwerpunkte wie Medienwissenschaften, Wissenschaftsgeschichte oder Bildwissenschaften hervorgebracht; auch im Verhältnis zu den Naturwissenschaften sind die traditionellen Kernfächer der Geistes- und Sozialwissenschaften neuen Herausforderungen ausgesetzt. Diese Veränderungen sind nicht bloß Rochaden auf dem Schachbrett der akademischen Disziplinen. Sie tragen vielmehr grundlegenden Transformationen in der Genealogie, Anordnung und Geltung des Wissens Rechnung. Angesichts dieser Prozesse besteht die Aufgabe der Einführungsreihe darin, regelmäßig, kompetent und anschaulich Inventur zu halten.

Zur Einführung ist für Leute geschrieben, denen daran gelegen ist, sich über bekannte und manchmal weniger bekannte Autor(inn)en und Themen zu orientieren. Sie wollen klassische

Fragen in neuem Licht und neue Forschungsfelder in gültiger Form dargestellt sehen.

Zur Einführung ist von Leuten geschrieben, die nicht nur einen souveränen Überblick geben, sondern ihren eigenen Standpunkt markieren. Vermittlung heißt nicht Verwässerung, Repräsentativität nicht Vollständigkeit. Die Autorinnen und Autoren der Reihe haben eine eigene Perspektive auf ihren Gegenstand, und ihre Handschrift ist in den einzelnen Bänden deutlich erkennbar.

Zur Einführung ist in verstärktem Maß ein Ort für Themen, die unter dem weiten Mantel der Kulturwissenschaften Platz haben und exemplarisch zeigen, was das Denken heute jenseits der Naturwissenschaften zu leisten vermag.

Zur Einführung bleibt seinem ursprünglichen Konzept treu, indem es die Zirkulation von Ideen, Erkenntnissen und Wissen befördert.

Michael Hagner
Dieter Thomä
Cornelia Vismann

Inhalt

Anhang

Vorwort

Die vorliegende Einführung in die antike und moderne Skepsis geht auf eine längere Auseinandersetzung mit dem Phänomen der Skepsis zurück. Dieses tritt immer dort in Erscheinung, wo die Anstrengung des Wissens, sich selbst über seine eigenen Bedingungen aufzuklären, scheitert oder zu scheitern scheint. Die Auseinandersetzung mit der Skepsis ist daher stets eine Auseinandersetzung mit unserer (epistemischen) Endlichkeit. Dem Leser wird hoffentlich nicht zu viel abverlangt, wenn diese Einführung in das Phänomen der Skepsis so entworfen ist, dass sie keinen Ausweg aus der Skepsis zeigt. Denn zunächst müssen wir die Härte der Endlichkeit einsehen, die sich auch in unseren epistemischen Anstrengungen zeigt. Wie wir über die Endlichkeit hinausgelangen können, ist eine weitreichende Frage, die nur in einer Beschäftigung mit dem Verhältnis der Metaphysik zur Skepsis beantwortet werden kann. Eine solche Beschäftigung wird in diesem Buch bewusst ausgespart.

An dieser Stelle sei vor allem mein Dank an die Mitarbeiter des Forschungsprojekts über »Skeptizismus und Idealismus in der Antike« ausgesprochen, das im Rahmen des Eliteprogramms für Postdoktoranden der Landesstiftung Baden-Württemberg am Philosophischen Seminar der Universität Heidelberg durchgeführt wird: Ich danke Stephan Zimmermann, Marius Bartmann und Julian Ernst ganz herzlich für ihren unermüdlichen Eifer in der Sache und für ihre Hilfe bei der Erstellung des Manuskripts sowie für ihre gründliche Arbeit des Korrekturlesens! Außerdem gilt mein besonderer Dank Steffen Herrmann, dessen sachdienliche Hinweise maßgeblich in die Erstellung dieses Buches eingegangen sind.

Heidelberg, im Herbst 2007
Markus Gabriel

Einleitung

Die Wissenschaft zeigt uns, dass die Welt anders ist, als sie uns auf den ersten Blick erscheint – eine einfache Einsicht, die zum Erfahrungsschatz eines jeden Menschen gehört. Der Mond ist größer, als er dem bloßen Auge erscheint; es stellt sich heraus, dass es das Unbewusste (oder was auch immer) ist, das unser Bewusstseinsleben maßgeblich steuert. Wenn wir aber immer wieder entdecken, dass die Welt anders ist, als sie uns erscheint, wieso erkennen wir dann nur *ein* Weltbild, nur *eine* Interpretation der Welt an? Woher eigentlich das Zutrauen in die Wissenschaft, wo doch diese selbst ihr Bild der Wirklichkeit beständig revidiert? Und woher wissen wir, dass die Welt nicht wiederum anders ist, als die Wissenschaft zu einer Zeit uns lehrt, und zwar auf eine Weise anders, die wir noch gar nicht absehen können?

Diese Frage führt auf den scheinbar einfachen Unterschied von Sein und Schein. Das Phänomen der Skepsis entsteht grundsätzlich dort, wo Sein und Schein unterschieden werden: Die Suche nach dem verborgenen, dem wahren Sein jenseits der trügerischen Welt der Erscheinungen, in der wir leben, bringt im Fahrwasser unserer Wissensbemühungen die Skepsis unablässig als ihren Schatten hervor. Die Frage ist, wie wir der grundlegenden Einsicht der Skepsis begegnen sollen: Wie können wir Sein und Schein unterscheiden, ohne dadurch das Sein selbst zum Schein zu machen? Wie können wir überhaupt über unsere Wissensansprüche hinaus auf eine Welt zugreifen, die unabhängig von unseren Wissensansprüchen – und in diesem Sinne objektiv – ist?

Diese Fragen werden im Folgenden als Grundfragen der Skepsis diskutiert. Dabei wird nicht ausgeblendet, dass die Skepsis stets auch aus einer existenziellen Erfahrung, der Erfahrung der Endlichkeit unseres Verstehens von anderen und der Welt, hervorgeht. Die Skepsis wirft nicht nur theoretisch verwickelte Probleme auf, sondern bietet auch besondere Weisen des Umgangs mit unserer Endlichkeit an. Dabei trägt sie immer auch unverkennbare Züge einer Tragödie des menschlichen Wissens. – Man erinnere sich nur daran, dass im Namen ›Ödipus‹ das griechische ›oida‹, d.h. ›ich weiß‹, anklingt. Der tragische Protagonist par excellence ist aufgrund seiner Wissensanstrengungen tragisch.

Genaues Hinsehen (und nichts anderes heißt das griechische Wort ›skepsis‹) lehrt, dass alles Wissen endlich ist – dies ist jedenfalls die Lektion, die uns die Skepsis beibringen möchte. Ob sich diese Lektion streng genommen durchführen und ihr Ergebnis behaupten lässt, wird eine der Grundfragen dieser Einführung sein. Die dabei aufgeworfenen Probleme sind Probleme der Philosophie unserer Zeit, genauso wie sie Probleme der Philosophie überhaupt sind. Insofern gehören skeptische Probleme zur *philosophia perennis.* Da die Philosophie unserer Zeit oftmals allzu selbstbewusst über die Geschichte ihrer Probleme hinweggeht, kommt in dieser Einführung zunächst die antike Skepsis ausführlich zur Sprache. Denn ohne eine gründliche Kenntnis der antiken Skepsis kann nicht wirklich geklärt werden, was in der gegenwärtigen Skepsis-Debatte auf dem Spiel steht.

Die Geschichte der Philosophie ist bereits in der Spätantike als ein Streit von Dogmatismus und Skepsis aufgefasst worden. Alle Versuche, eine positive Philosophie zu entwickeln, die uns darüber aufklärt, wie unsere Position im Ganzen der Wirklichkeit zu verstehen ist, waren stets von skeptischen Attacken bedroht, die mit hartnäckigen Argumenten geführt wurden und darzulegen versuchten, dass die weitreichenden Erkenntnisansprüche der Philosophen nicht eingelöst werden können. Diese niemals an ein Ende gelangende Auseinandersetzung zwischen dogmatischen Erkenntnisansprüchen und ihrer skeptischen Infragestellung hat im Laufe der Jahrhunderte zu einer Verfeinerung der skeptischen und antiskeptischen Strategien geführt. Insbesondere die Skepsis-Debatte der letzten dreißig Jahre hat ein neues Licht auf die Funktion der Skepsis geworfen.

Vor diesem Hintergrund führt das vorliegende Buch sowohl in die antike als auch in die moderne Skepsis ein, denn nur auf diese Weise lässt sich ein breiter Überblick über die grundlegenden Strategien und Probleme der Skepsis gewinnen. Dabei können natürlich nicht alle Epochen berücksichtigt werden. Für diejenigen, die sich ausführlicher mit dem Problem der Skepsis im Mittelalter und in der Frühen Neuzeit beschäftigen möchten, sei daher an dieser Stelle auf die Arbeiten von Dominik Perler und Richard Popkin hingewiesen.[1] Da die Skepsis-Debatte in vollem Gange ist und in gewisser Weise einen Grundzug der Gegenwartsphilosophie ausmacht, finden neben der antiken und cartesischen Skepsis auch zeitgenössische Strömungen Erwähnung. Wenn die Auswahl auch kontingent ist, so kann sie dennoch als repräsentativ gelten. Denn es ist eine gut begründbare Beobachtung, dass die Skepsis vor allem in der Antike entwickelt wurde und in unserer Zeit auf dem bisher höchsten Niveau diskutiert wird.

I. Antike Skepsis

1. Der Ursprung der Skepsis in der vorsokratischen Metaphysik

Die antike Skepsis geht auf die vorsokratische Metaphysik zurück. Diese entspringt einer einfachen Unterscheidung, nämlich der Unterscheidung zwischen *Sein* und *Schein*. Die griechische Kultur, von der sich die meisten der tradierten metaphysischen Grundbegriffe herleiten, welche in die europäischen Begriffssprachen von Philosophie und Wissenschaft eingegangen sind, basiert zu wesentlichen Teilen auf dieser Unterscheidung, die ihre Vorgeschichte in der griechischen Religion und Literatur hat. Die Unterscheidung von Sein und Schein ist kein philosophisches Artefakt, keine plötzliche Entdeckung eines reinen Denkens, sondern Ausdruck einer Erfahrung mit der auf eine bestimmte Weise gedeuteten Welt.

In der griechischen Tragödie und bereits bei Homer werden die Heroen in ein tragisches Geschehen verstrickt, indem sie durch Atê, die Macht der Verblendung, getäuscht werden und nicht mehr sehen, wie es wirklich um sie bestellt ist. Bei Homer ist Atê gar eine Tochter des Zeus, die im Bündnis mit dessen Gattin sogar ihn, den mächtigsten unter den Göttern, getäuscht hat (Ilias, 19. Gesang, 91 ff.). Die Erfahrung, dass die Götter und schließlich auch die Mitmenschen anders erscheinen können, als sie sind, gibt Anlass zu einer Reflexion darauf, wer oder was sie wirklich sind. Denn ohne die Besinnung auf das Sein, das sich hinter dem

Schein verbirgt, laufen wir ständig Gefahr, Opfer eines grausamen Schicksals zu werden. Unsere existenzielle Aufgabe als Sterbliche (und d.h. als endliche Wesen) besteht darin, den Schein möglichst zu durchschauen.

Das menschliche Leben wird von der klassischen griechischen Literatur, insbesondere im Epos und in der Tragödie, grundsätzlich als die Auseinandersetzung zwischen Sein und Schein verstanden. Wir sind im Leben der beständigen Gefahr ausgesetzt, uns und unsere Mitwelt nicht so zu erkennen, wie sie wirklich ist. Der Verdacht, dass selbst die Götter etwas im Schilde führen könnten, das den Sterblichen verborgen ist und allenfalls vom Dichter dargestellt werden kann, ist für die frühgriechische Literatur und für die Tragödie leitend. Der Unterschied zwischen Sein und Schein, der die Metaphysik begründet, ist also im Ursprung des Abendlandes kulturell verankert.[2]

Insofern liegt auch Friedrich Nietzsche völlig richtig, wenn er von der vorsokratischen Philosophie als einer »Philosophie im tragischen Zeitalter der Griechen«[3] spricht. In der Tat gehören Tragik und Metaphysik zueinander, insofern sie auf dem Unterschied von Sein und Schein in der Form eines Unterschieds zwischen den Göttlichen und den Sterblichen aufbauen. Daher wird das Denken, der Logos, der allein uns einen Zugang zum wahren Sein eröffnet, in der vorsokratischen Philosophie auch als göttlich aufgefasst, was den prophetischen Gestus erklärt, mit dem viele Vorsokratiker auftreten.

Die Suche nach dem wahren Sein führt die Vorsokratiker ständig auf die Einsicht des Scheincharakters unseres gewöhnlichen Wissens, das daher als bloße Annahme, als Doxa der Sterblichen, entlarvt wird, die nicht wissen, was wirklich der Fall ist. Aus diesem Grunde finden sich bei den Vorsokratikern zwei Tendenzen, eine dogmatische und eine skeptische: Auf der einen Seite wird das wahre Sein im Logos entdeckt und der sterblichen

Doxa entgegensetzt (dogmatische Tendenz). Der Logos gilt als vollständig erkennbar und ermöglicht ein Wissen (epistêmê) davon, was in Wahrheit ist. Auf der anderen Seite wird die sterbliche Doxa im Unterschied zum Logos als die Quelle des Irrtums ausgewiesen (skeptische Tendenz). Wir sind in unseren bloßen Annahmen gefangen. In diesem Zusammenhang sind die skeptischen Probleme entsprungen, die das philosophische Denken bis zum heutigen Tag und seit einiger Zeit wieder besonders intensiv beschäftigen.

Der Zusammenhang von Sein und Schein lässt sich an drei Vorsokratikern besonders deutlich ablesen. *Parmenides von Elea* (spätes sechstes Jahrhundert bis frühes fünftes Jahrhundert v. Chr.) behauptet, dass es nur eine einzige Wahrheit gebe. Diese sieht er in der Offenbarkeit des Seins (to eon) für das reine Denken (noein). Das Sein zeige sich uns in seiner Einzigartigkeit. Darin unterscheide es sich von den vielfältigen Irrtümern, denen wir als Menschen aufsitzen, indem wir für wahr halten, was doch bloßer Schein ist. Diese Irrtümer geschehen insbesondere in der Wahrnehmung. Denn jeder macht leicht die Erfahrung, dass unsere Wahrnehmung fallibel, d.h. dem Irrtum unterworfen ist, und nicht ausschließlich erfasst, was wirklich der Fall ist. Daraus schließt Parmenides, dass es eine einzige Quelle des Irrtums geben müsse. Diese sieht er in der mangelnden Fähigkeit der »doppelköpfigen Sterblichen« (DK 28 B 6, 4f.) zu erkennen, dass es eben nur eine einzige Wahrheit geben könne. Diese Wahrheit liegt in der Einsicht, dass die Offenbarkeit des Seins allein darin bestehe, dass sich uns etwas zeige, ohne dass dasjenige, was sich jeweils zeigt, seinerseits etwas Seiendes sein könne. Das einzige, was sensu stricto *ist*, ist das eine wahre Sein, welches das nur scheinbar viele Einzelseiende der Erkennbarkeit preisgibt. Denn was sich uns jeweils zeigt, verändert sich und unterscheidet sich von allem anderen, was sich uns jeweils zeigt bzw. was jeweils abwesend ist. Wenn sich etwas aber von etwas anderem unterscheidet und dadurch bestimmt ist, so sagen wir von dem, welches wir als wirklich Seiendes erfassen wollen, dass es genau dadurch das ist, was es ist, dass es alles andere nicht ist. Das Sein von allem, was sich jeweils zeigt, ist somit paradoxerweise sein Nichtsein. Das Sein des Seienden ist sein Nichtsein. Da man aber das Nichtsein, das absolute Nichts, nicht denken kann, weil es eben nichts Bestimmtes, kein Seiendes ist, kann es Parmenides zufolge das viele Seiende eigentlich auch gar nicht geben. Dennoch ist uns etwas offenbar, nämlich die Einsicht in die Unhintergehbarkeit des Gedankens des Seins, die zugleich die Einsicht in die Unmöglichkeit des Gedankens des Nichts ist. Nur diese Einsicht, dass allein die Offenbarkeit nicht trügt, da sie alles und daher auch das vermeintliche Nichtsein zur Erscheinung bringt, kann nach Parmenides festgehalten werden. Denn auch das vermeintliche Nichts erscheint und ist eben dadurch schon nicht mehr nichts, sondern etwas Bestimmtes.

Wenn das Nichts nicht denkbar ist, so gilt dies gerade deshalb auch für das Phänomen des Werdens, das Parmenides als Übergang vom Sein in das Nichts und umgekehrt hält. Doch aus nichts wird nichts, wie sein Schüler Melissos später explizit gesagt hat (DK 30 B 1). Das Nichts ist undenkbar, weil wir es stets im Unterschied zum Sein bestimmen und damit wiederum zu etwas Bestimmtem, also etwas Seiendem machen. Da alles Seiende – und mithin auch der paradoxe Sachverhalt des Nichts – nur vor dem Hintergrund der Offenbarkeit des Seins erscheint, kann das Sein nicht aus dem Nichts stammen bzw. ins Nichts übergehen. Das Sein ist; mehr können wir von ihm nicht sagen, ohne es von etwas zu unterscheiden – was unmöglich ist, da es ansonsten das Nichts gäbe, das zwischen das Sein und das von ihm Unterschiedene träte. Doch das Nichts gibt es nicht:

»Denn es ist unmöglich, daß dies zwingend erwiesen wird: es sei Nichtseiendes / Vielmehr halte du von diesem Wege der Forschung den Gedanken fern / Und es soll nicht vielerfahrene Gewohnheit auf diesen Weg zwingen, / Walten zu lassen das blicklose Auge und das dröhnende Gehör / und die Zunge, nein, mit dem Denken bring zur Entscheidung die streitreiche Prüfung, / die von mir genannt wurde.« (DK 28 B 7-8, 1)

Was Parmenides damit lehrt, die alleinige Wahrheit des Seins, ist selbst natürlich nicht nichts. Die Wahrheit des Seins zeigt sich vielmehr im Denken (noein). Doch wenn sich die Wahrheit des Seins im Denken zeigt, so kann das Denken nur zum Sein gehören, weil es ansonsten ja nichts wäre, wodurch sich die Wahrheit des Seins selbst aufhöbe. Parmenides nimmt deshalb an, dass das Denken im Sein »ausgesprochen« (DK 28 B 8, 35) ist. Das Denken gehört zum Sein, wobei Denken hier nur das Denken eines einzigen Gedankens, nämlich des Gedankens der Wahrheit des Seins, meinen kann. Die Wahrheit findet sich demnach nur im Denken, weshalb jeder Versuch, sie in der veränderlichen Wirklichkeit zu suchen, die wir mit unseren Sinnen wahrnehmen, scheitern muss. Parmenides behauptet also einerseits dogmatisch, dass es nur das Sein, nicht aber das Seiende im Plural gebe. Andererseits vertritt er der Wahrnehmungswelt gegenüber, in der es nichts gibt, was erkannt werden könnte, da es sie im eigentlichen Sinne überhaupt nicht gibt, einen radikalen Skeptizismus. Die Wahrnehmungswelt ist Parmenides zufolge geradezu logisch inkonsistent, weil sie der Schein einer Vielheit von Seienden ist, die durch das Nichtsein voneinander unterschieden sind.

Damit ist nicht nur die Weiche für Platons Metaphysik gestellt, sondern auch die Skepsis der Wahrnehmungswelt gegenüber begründet. Die Wahrnehmungswelt ist nur Schein, was spätere Nachfolger des Parmenides, insbesondere Melissos (ca. fünftes Jahrhundert v. Chr.) und Zenon (ca. Ende des sechsten, Mitte des fünften Jahrhunderts v. Chr.), dazu angeregt hat, populär gewordene Paradoxien zu formulieren, die im Begriff der Bewegung liegen. Beispiele sind die Paradoxie von Achill und der Schildkröte bzw. jene eines Pfeils, der nicht von der Stelle kommt, da er unendlich viele Punkte durchlaufen müsste, um sich zu bewegen. Zenon zufolge kann der schnellste Läufer der homerischen Welt, Achill, eine Schildkröte im Wettrennen nicht überholen, weil er jeden Punkt durchlaufen muss, den die Schildkröte bereits durchlaufen hat. In dem Augenblick, wo er jenen Punkt durchläuft, ist die Schildkröte ihm wiederum einen Schritt voraus, weshalb er sie niemals einholen kann. Die Welt der Wahrnehmung wird auf diese Weise systematisch als Quelle des Irrtums verstanden und als Schein der einen Wahrheit des Seins entgegengesetzt. Scheinbar selbstverständliche Phänomene wie Bewegung werden einer paradoxen begrifflichen Struktur überführt, wodurch das Vertrauen in die Wahrnehmung erschüttert wird.

Der gegenüber Parmenides vermutlich zeitlich frühere *Heraklit von Ephesos* (ca. zweite Hälfte des fünften Jahrhunderts v. Chr.) setzt Sein und Schein einander auf ganz ähnliche Weise entgegen. Wie bei Parmenides ist die Wahrheit nur dem Logos, dem reinen Denken, aufgeschlossen, den Heraklit als das strukturbildende Agens überhaupt ansetzt. Die vielen Sterblichen verstehen seine Aussagen nicht, weil sie – so Heraklit – nicht verstünden, »wie das Auseinandergetragene [d.h. Unterschiedene] mit sich selbst im Sinn zusammengeht« (DK 22 B 51). Wie Parmenides meint auch Heraklit, dass die Phänomene dieser Welt durch einen durchgängigen Unterschied konstituiert seien. Alles ist nur, indem es anderes nicht ist – doch genau darin kommt alles überein. In einem berühmten Fragment drückt Heraklit dies folgendermaßen aus: »Krieg ist aller Dinge Vater, aller Dinge König. Die einen erweist er als Götter, die anderen als Menschen, die einen macht er zu Sklaven, die anderen zu Freien.« (DK 22 B 53)

Dieses Fragment ist bodenlos vieldeutig. Zunächst einmal müssen wir festhalten, dass man den von Heraklit verwendeten Ausdruck für Krieg (polemos) nicht als bewaffnetes Gefecht oder militärische Schlacht verstehen darf, sondern vielleicht am besten mit ›Aus-einander-Setzung‹ wiedergeben kann. Die Aus-einander-Setzung, der Unterschied, der einiges hierhin und anderes dorthin setzt, macht alles zu dem, was es ist. Im Wort ›polemos‹ klingt vielleicht sogar die Wurzel ›pel-/pol-‹ an, die im Verb ›pelein‹ vorkommt, welches ›sein‹ bedeutet. Auseinandersetzung und Sein wären so ein und dasselbe.

Das Fragment besagt weiterhin, dass die Auseinandersetzung Menschen und Götter unterscheidet, indem sie zeigt (deiknynai), wer ein Gott und wer ein Mensch ist. Das Zeigen, welches unterscheidet, ist der Logos, der zugleich alles zusammenbringt und unterscheidet: Er bringt sie zusammen als Unterschiedene. Er ist der Unterschied, der alles konstituiert, weshalb alles Unterschiedene auch im Logos zusammengeht (homologeei). Man kann sogar vermuten, dass Heraklit, dessen überlieferte orakelhafte Aussprüche voller Wortspiele sind und die Wörter mittels ihrer (etymologisch nicht immer korrekten) Wurzeln in Verbindung bringen, einen Zusammenhang zwischen ›pol-emos‹ und ›pol-is‹, d.h. zwischen Sein und Stadt/Staat, herstellt. Denn sein Denken ist durchweg politisch in dem Sinne, dass er den »hellen Tag« der allgemein geteilten Polis dem »Schlaf« der Einzelnen gegenüberstellt. Der öffentlich verhandelbare Logos, welcher der Grundzug des Seins selbst ist, das sich als polemos und polis zeigt, organisiert alle Unterschiede und verwaltet sie zugleich, genau so, wie das Gesetz (nomos) der Polis das Verhalten der Bürger regiert (DK 22 B 114). Das Allgemeine (xynon) steht wie ein göttliches Gesetz über allem Seienden, selbst wenn die Sterblichen dies nicht erkennen.

Die Wahrheit der All-Einheit, dass »eines alles ist«, zeigt sich nur dem Logos, der selbst jenes Eine ist, das alles ist. »Haben sie nicht mich, sondern den Logos vernommen, so ist es weise, dem Logos gemäß zu sagen, daß eines alles ist.« (DK 22 B 50) Dieser ist folglich auch das Allgemeine (xynon), das sich von den vielen Privatmeinungen der Sterblichen unterscheidet (DK 22 B 113 f.). Der Logos, das Allgemeine, ist als die Weltordnung die ungeschaffene All-Einheit, die »für alle dieselbe« (DK 22 B 30) ist.[4]

Sein und Schein werden von Heraklit also strikt getrennt, und das Sein findet sich wiederum allein im Denken, welches die »verborgene Harmonie« (DK 22 B 54) der Welt entdeckt, die in jenem einzigen Gedanken Heraklits liegt. Alles andere ist Schein, den es nach tragischer Weisheit zu vermeiden gilt, will man nicht zum Opfer der Verblendung werden. Das Allgemeine, der Logos, unterscheidet sich dabei von den privaten Meinungen der Einzelnen wie das Wachsein vom Traum (vgl. DK 22 B 21, 26, 73, 75, 88), der von Heraklit als tragischer Zustand der Verblendung aufgefasst wird, welcher uns in unsere Jemeinigkeit einschließt. Der Traum steht für die Gefahr des Solipsismus, die Heraklit offenkundig bereits bewusst war.

Beim *Solipsismus* handelt es sich um die Annahme, dass es möglicherweise nur ein einziges vorstellendes Subjekt gibt, dem es nur so scheint, als ob es eine Welt außerhalb seiner Vorstellungen gäbe. Ein solches Subjekt wäre metaphysisch einsam. Im Traum sind wir wie das solipsistische Subjekt mit unseren Traumbildern allein, obwohl wir scheinbar mit anderen kommunizieren. Doch die Welt des Traums ist nicht die gemeinsame Welt, in der wir mit unseren Mitmenschen leben. Es gilt daher zu verstehen, was die geteilte Welt der Wachen von der rein privaten Welt des Träumenden unterscheidet. Dies ist Heraklit zufolge der vernünftige Zusammenhang der All-Einheit, der allen im Logos aufgeschlossen ist.

Der Gefahr, dass das Leben ein Traum, also eine unablässige Illusion sein könnte, bietet nur der Logos Einhalt, den man cum grano salis mit ›Sprache‹ übersetzen kann. Denn die Sprache ist das allgemeine Medium, das den Solipsismus überwindet, welcher drohte, wenn unser Leben nur ein Traum wäre. Wir wären mit unseren Traumbildern allein, weil auch alle Mitmenschen, die wir für wirklich halten, lediglich geträumte Mitmenschen wären, mit denen man schließlich keine Welt teilen kann. Die Möglichkeit, dass das Leben ein Traum sein könnte, ist im Laufe der Geschichte der Skepsis allmählich zu einem bloßen Gedankenexperiment, einem skeptischen Szenario verkümmert, das unsere epistemische, d.h. unsere Wissensbiografie nicht ernsthaft bedroht. Von Heraklit wird sie noch als eine reale tragische Erfahrung erlebt, der es den Logos entgegenzusetzen gilt. Deshalb hat das *Traumargument* bzw. das Argument des Wahnsinns, dem zufolge wir nicht sicher sein können, vernünftig zu sein und nicht wild zu halluzinieren, seit der Antike auch eine literarische Geschichte – man denke etwa an Euripides' Tragödie *Herakles*, in der Herakles seine eigene Familie tötet, die er – vom Wahnsinnsdämon Lyssa geschlagen – nicht wiedererkennt.

Wie wir bei Platon noch sehen werden, verrät die Skepsis in der Antike allenthalben ihren existenziellen bzw. tragischen Ursprung. Sie erwächst aus der Erfahrung, dass vertraute Menschen plötzlich völlig anders erscheinen als zuvor, d.h. aus der Erfahrung, dass wir nicht wissen, wer wir und unsere Mitmenschen wirklich sind. Auf dieser tragischen Grundlage entsteht allererst eine scheinbar harmlosere epistemologische Skepsis, die das Problem des Irrtums als allgemeines Problem von Sein und Schein formuliert.

Bei *Demokrit von Abdera* (ca. 460-360 v. Chr.) findet der Gegensatz von Sein und Schein seinen wissenschaftlichen Ausdruck, der uns heute eher vertraut ist. Denn gerade heute macht jeder

Mensch mithilfe der Wissenschaft die Erfahrung, dass die Welt in Wahrheit anders ist, als sie uns erscheint – selbst wenn nicht jeder glaubt, dass es eine göttliche Weltordnung gibt. Der Mond ist größer als die Erscheinung, die sich unserem perspektivischen Blick darbietet; die Gegenstände, mit denen wir umgehen, bestehen aus Partikeln, die unterhalb der mesoskopischen, d.h. mit bloßem Auge wahrnehmbaren, Wirklichkeit liegen; die Psychoanalyse lehrt, dass unsere Triebstruktur von unseren manifesten Wünschen unterschieden ist; die evolutionäre Biologie legt nahe, dass Liebe oder Erkenntnis keine hehren Gebilde, sondern Überlebensstrategien sind usw. Verallgemeinert man diesen Gedanken, so sieht man leicht, dass uns die Wissenschaft stets mit der Differenz von Sein und Schein konfrontiert. Demokrits Atomismus geht daher nicht zufällig mit einer radikalen Skepsis gegenüber der Wahrnehmungswelt einher. In einem berühmten Text sagt Demokrit: »Durch Konvention [nomos] gibt es Süßes, durch Konvention Bitteres, durch Konvention Warmes, durch Konvention Kaltes, durch Konvention Farbe. In Wahrheit [eteê] aber gibt es die Atome und das Leere.« (DK 68 B 125)

Konvention (nomos) und Wahrheit (eteê) werden hier also entgegengesetzt. Damit trifft Demokrit die wichtige Unterscheidung zwischen phänomenalen Qualitäten, die nur im Aufeinandertreffen der Welt mit unseren Sinnesorganen entstehen, und primären Qualitäten, die den Dingen an sich zukommen. Die Welt der Erscheinungen, in der es gewöhnliche Gegenstände wie Menschen, Katzen und Berge gibt, ist demnach eine bloße Konvention, eine Überzeugung, die durch uns in die Welt kommt und die der Wahrheit, d.h. dem, was unabhängig von uns der Fall ist, nicht entspricht. Wenn es eigentlich nur Partikel (Atome) und den leeren Raum zwischen ihnen gibt, so sind die Gegenstände, die wir für wirklich halten, nur Schein.

Es ist nicht verwunderlich, dass Demokrit einerseits einen Atomismus vertritt und andererseits eine skeptische Haltung unseren Erkenntnismöglichkeiten gegenüber bezieht. Ihm zufolge wissen wir »in Wahrheit [eteê] nichts. Denn in der Tiefe liegt die Wahrheit.« (DK 68 B 117) An anderer Stelle sagt er: »Dieser Logos [d.h. Demokrits Grundgedanke] macht ja klar, daß wir in Wahrheit [eteê] von nichts irgend etwas wissen, sondern Zustrom [nämlich der Atome] ist den Menschen ihr Meinen.« (DK 68 B 7; vgl. auch B 6, 8, 10) Demokrit transformiert die tragische Haltung der Vorsokratiker Parmenides und Heraklit gleichsam in eine wissenschaftliche Leistung und ebnet damit den Boden für die epistemologische Skepsis, in der ihre tragische Genealogie verblasst. An die Stelle einer existenziellen Erfahrung tritt allmählich eine wissenschaftliche Überlegung, die darauf aufbaut, dass das Sein selbst (die wahre Wirklichkeit) sich vom Schein unterscheidet. Die Differenz zwischen Sein und Schein führt auf diese Weise das Problem des *metaphysischen Realismus* herbei, das die Philosophie seither nicht mehr losgelassen hat und das in unserer Zeit die Spielregeln der Erkenntnistheorie weitgehend bestimmt, wie wir im zweiten Kapitel sehen werden.

Der *metaphysische Realismus* ist die These, dass die Welt (das Sein, die epistêmê) potenziell vollständig von unseren Überzeugungen über die Welt (der Schein, die doxa) divergiert. Die Welt könnte ganz anders sein, als sie uns erscheint. Metaphysisch ist diese Annahme, weil sie über die Erscheinungen hinausgreift und damit rechnet, dass es außer der Welt, die uns erscheint, noch eine wirkliche Welt gibt, die uns nicht erscheint, sondern die rational erschlossen werden muss. Demokrits metaphysischer Realismus ist dabei insofern optimistisch, als er dem Logos vertraut, nach dessen Gesetzen es in Wahrheit nur Atome und das Leere gebe. Auf diese Weise gerät ihm sein metaphysischer Realismus nicht zum Problem. Denn er meint schließlich, dass sein Atomismus vorbehaltlos wahr sei, die Meinungen der Sterblichen hingegen bloß relativ wahr bzw. nur konventionelle Meinungen, also Doxa seien.

Nimmt man den metaphysischen Realismus allerdings ernster als Demokrit, der seinen Atomismus in dogmatischer Weise vertrat, so sieht man leicht, welche Probleme sich aus der Annahme ergeben, dass die Welt vollständig anders sein könnte, als sie uns erscheint. Denn hätte der metaphysische Realismus recht, dann könnten wir nicht ausschließen, dass wir uns in der »Matrix« oder in irgendeinem anderen perfiden Betrugsszenario befänden, in dem uns die Existenz einer Welt außerhalb unserer Vorstellungen und Überzeugungen auf irgendeine Weise vorgegaukelt wird. Wie sollten wir unseren Überzeugungen über die Welt überhaupt noch Vertrauen schenken, wenn es möglicherweise nichts von dem, worüber wir Überzeugungen zu haben glauben, wirklich gibt? Und wie sollten wir vor allem ausschließen, dass die Annahme eines Seins jenseits des Scheins, d.h. die Annahme, die den metaphysischen Realismus motiviert, nicht ihrerseits zum Schein gehört? Wäre dies der Fall, dann könnten wir nicht einmal mehr sicher sein, dass Sein und Schein sich unterscheiden, und würden vollends den Boden unter den Füßen verlieren! Denn wir haben ja mit der Beobachtung begonnen, dass die Wissenschaft lehrt, dass die Welt anders ist, als sie uns erscheint. Diese Beobachtung operiert mit der Differenz von Sein und Schein allerdings in einer Weise, die in der Radikalisierung dieser Differenz Gefahr läuft, die Differenz selbst zu unterminieren. Die Annahme eines Seins jenseits des Scheins könnte uns durch den Schein selbst nahegelegt werden, was zur Folge hätte, dass das Sein selbst Schein wäre.

Die vorsokratische Metaphysik unterscheidet noch nicht zwischen Physik und Metaphysik, da sie sich allgemein auf der Suche nach dem wahren Sein jenseits der trügerischen, wandelbaren Welt der Erscheinungen und Meinungen der Sterblichen befindet. Das wahre Sein lässt sich unter diesen Bedingungen gleichsam physikalisch erschließen, indem man den Logos Mathematik und Physik betreiben lässt – Wissenschaften, die von vielen Vorsokratikern seit dem berühmten Thales von Milet (ca. 624-546 v. Chr.) gepflegt wurden, welchen Aristoteles für den Begründer der Philosophie gehalten hat (vgl. Met. A 3). Bei den Vorsokratikern finden sich dementsprechend auch nicht nur Überlegungen über Sein und All-Einheit, die uns eher metaphysisch denn physikalisch anmuten, sondern eben auch Thesen über die Elemente, aus denen alles besteht, oder etwa über den Ursprung des Blitzes. Die konstitutive Differenz zwischen Sein und Schein, die einen tragischen Ursprung hat und eine existenzielle Erfahrung des Menschen im Umgang mit dem Menschen zum Ausdruck bringt (und die wir auch heute noch alltäglich machen), wird so verallgemeinert, dass sie plötzlich als epistemologisches und ontologisches Problem erscheint. An die Stelle der Frage, wer unsere Mitmenschen sind und welches der Wille der Götter ist, tritt die Frage, was das Sein jenseits des Scheins ist, eine Frage, die zu einer rein wissenschaftlichen Beantwortung einlädt.

Die Lösung des Problems von Sein und Schein wird später in Platons Augen auch deswegen besonders dringlich, weil die Sophisten die Differenz von Sein und Schein unter Rekurs auf ihre skeptischen Konsequenzen vollständig zurückzunehmen suchten. Ihnen ging es plötzlich nur noch darum, als der Beste, Weiseste und Wahrhaftigste zu erscheinen. Diese Maxime hat der Sophist Protagoras mit seinem rhetorischen Diktum auf den Punkt gebracht, er verstünde es, »den schwächeren Logos zum stärkeren zu machen« (DK 80 B 6b). Doch die Lösung des epistemologischen und ontologischen Problems von Sein und Schein verliert in der Antike, jedenfalls auch bei Platon, noch nicht völlig ihre existenziell-tragische Dimension. Deren (vielleicht nur scheinbaren) Verlust hat erst die moderne Skepsis zu beklagen.

2. Das Traumargument bei Platon und das skeptische Problem der Aparallaxie

Die erste explizite Formulierung eines epistemologischen Traumarguments findet sich in Platons Dialog *Theaitetos* (Tht. 157e1-158d10), der als die Urschrift der Erkenntnistheorie gelten kann. Damit sind entscheidende Weichen für die weitere Entwicklung der Skepsis gestellt. In diesem Dialog wird nämlich die Frage erörtert, was Wissen eigentlich sei. Platon antizipiert hier eine Vielzahl erkenntnistheoretischer Positionen, die erst im 19. und 20. Jahrhundert philosophisch detailliert entwickelt worden sind. Die tragische Dimension des Wissens und der Differenz von Sein und Schein tritt dabei in den Hintergrund, obwohl man bei genauerem Hinsehen in der literarischen Komposition des Dialogs Spuren der existenziellen Dimension der Frage nach dem wirklichen Sein finden wird.

Im *Theaitetos* werden nacheinander drei Definitionen von ›Wissen‹ diskutiert und widerlegt. Platons Traumargument findet sich dabei im ersten Teil des Dialogs, in dem die Definition von Wissen als Wahrnehmung diskutiert und ad absurdum geführt wird. Das Traumargument dient in diesem Zusammenhang nicht, wie später bei Descartes, dazu, die Wahrnehmung als Quelle von Wissen insgesamt infrage zu stellen und ein irrtumsimmunes Fundament des Wissens zu suchen. Freilich ist Platon weit davon entfernt, empirisches Wissen überhaupt als Wissen sensu stricto gelten zu lassen. Das Traumargument richtet sich bei Platon genau besehen gegen die Identifikation von Wahrnehmung und Wissen, der zufolge *nur* Wahrnehmung Wissen ist. Es gehört somit in den Kontext einer Kritik des radikalen Sensualismus, der behauptet, dass *alles* Wissen Wahrnehmung sei.

Platons Traumargument besagt, dass wir hic et nunc im Akt einer bestimmten Wahrnehmung von etwas kein Merkmal (tekmêrion, kritêrion) dafür an der Hand haben, dass wir den Gehalt, der sich uns präsentiert, wirklich wahrnehmen und nicht bloß träumen oder halluzinieren. Im Akt der Wahrnehmung kann demnach nicht sichergestellt werden, dass es sich überhaupt um einen Akt der Wahrnehmung handelt. Die Wahrnehmung ist nämlich konstitutiv betriebsblind, da sie sich auf etwas anderes als sich selbst bezieht. Wer etwas wahrnimmt, nimmt nicht deshalb auch schon wahr, dass er es wahrnimmt (und demnach nicht halluziniert). Wir sind also fallibel in der Frage, ob wir etwas wahrnehmen, auch und gerade, wenn wir meinen, etwas wahrzunehmen. Ob wir etwas wahrnehmen, können wir nämlich nicht dadurch entscheiden, dass wir es wahrnehmen, da wir im Akt der Wahrnehmung nicht sicherstellen können, dass wir wirklich wahrnehmen und nicht bloß träumen.

Mit diesem Argument richtet sich Platon gegen den Infallibilismus des Protagoras. Platon versteht Protagoras so, dass dieser in seinem Buch über *Wahrheit* (alêtheia) behauptet habe: »wie alles mir erscheint, so sei es auch für mich, und wie es wiederum dir erscheint, so sei es auch für dich« (Tht. 152a7-9). Sein und Schein könnten nicht getrennt werden, da wir keinen Zugang zum Seienden haben, der nicht durch unsere Überzeugungen, d.h. durch unser Fürwahrhalten, vermittelt ist. Wir können nicht feststellen, was der Fall ist, ohne eine Überzeugung dahingehend zu haben, dass es der Fall ist. Da wir aus unseren Überzeugungen nicht aussteigen können, gibt es Protagoras zufolge für uns sensu stricto überhaupt keine Wahrheit (Sein) unabhängig von unserem Fürwahrhalten, der Doxa, die Platon – in der Tradition der Eleaten – mit dem Schein gleichsetzt. Dies bringt der berühmte Homo-Mensura-Satz zum Ausdruck: »Der Mensch ist das Maß aller Dinge, der seienden, daß (bzw. wie) sie sind, der nicht seienden, daß (bzw. wie) sie nicht sind.« (DK 80 B 1)

Diesen Satz deutet Platon als die Aufhebung der Differenz von Sein und Schein, die letztlich das Interesse des Sophisten Protagoras sei. Denn dieser lehre für Geld die Kunst des logischen Scheins, die Rhetorik, die an die Stelle des Wissens des Wahren, d.h. des Seienden, den Schein der Wahrheit setze und seinen Schülern dazu verhelfe, die Überzeugungen der Mitmenschen zu manipulieren.

Wenn es aber wahr ist, dass alles Seiende nur relativ auf unsere Überzeugungen etwas Seiendes ist und wir aus unseren Überzeugungen nicht aussteigen können, dann hat es auch keinen Sinn mehr, im Sinne eines metaphysischen Realismus nach dem wahren Sein zu suchen. Denn dieses kommt gar nicht unabhängig von unseren Überzeugungen, jedenfalls nicht unabhängig von der Überzeugung vor, dass es das wahre Sein gibt. Die doxastische Relativität des Seienden führt dazu, dass die Annahme des wahren Seins und damit die Differenz von Sein und Schein fallen gelassen werden muss. Denn auch die Überzeugung, dass das wahre Sein sich vom Schein unterscheidet, ist relativ auf unsere Überzeugungen wahr und kann demnach nicht vorbehaltlos als die Wahrheit über das Sein selbst gelten.

Gegen die Annahme, Wissen stamme aus der Wahrnehmung, wendet das Traumargument ein, dass wir selbst in die scheinbar rein rezeptive Wahrnehmung die Differenz von Sein (Wahrheit) und Schein (Irrtum) investieren. Zwar mag uns im Akt der Wahrnehmung irgendetwas zunächst einmal irrtumsimmun als intentionales Korrelat gegeben sein, d.h., wenn wir etwa meinen, einen Apfel zu sehen, so haben wir die Vorstellung eines Apfels, wie auch immer diese zustande gekommen sein mag. Genau dies bedeutet aber auch schon, dass wir in der Frage, ob wir wirklich etwas wahrnehmen oder bloß meinen, etwas wahrzunehmen, fallibel sind. Wenn wir nämlich lediglich träumten, dass dieses und jenes der Fall wäre, so hätten wir ipso facto keinen wissensförmigen Zugriff mehr auf die betreffende Sache. Wenn wir etwa träumen, dass ein Apfel vom Baum fällt und im Traum der Überzeugung sind, dass ein Apfel vom Baum fällt, so folgt daraus nicht, dass wir einen Apfel wahrgenommen haben, der vom Baum fällt. Träumen und Wahrnehmen sind zwei inkompatible Vollzüge.

Diese Beobachtung führt Platon dazu, als Erster einen klaren Unterschied zwischen zwei Bedeutungen des griechischen Ausdrucks für Wahrnehmung (aisthêsis) zu machen. ›Aisthêsis‹ bedeutet nämlich einerseits die bloße *Empfindung* im Wahrnehmungsvorgang, d.h. das sensorisch unmittelbar Gegebene. Andererseits bedeutet ›aisthêsis‹ aber auch *Wahrnehmung* im Sinne des Korrelats eines Urteils, das einen Gehalt so präsentiert, als ob er unabhängig vom Akt der Wahrnehmung der Fall ist. Die Bestimmtheit einer Wahrnehmungsvorstellung rührt demnach nicht daher, dass wir etwas rezeptiv empfinden, also etwa einen Ton hören oder irgendeine Geschmacksempfindung haben. Damit wir einen bestimmten Ton hören oder einen bestimmten Geschmack empfinden können, müssen wir nämlich imstande sein, diese Empfindung von anderen Empfindungen derselben und anderer Art zu unterscheiden. Wer sieht, dass die Akropolis sich vor ihm auftürmt, sollte imstande sein, die Akropolis vom roten Meer oder von einer Katze zu unterscheiden, und gleichzeitig auch nicht Gefahr laufen, seinen Gesichtseindruck der Akropolis mit einem Ton oder einem Tasterlebnis zu verwechseln.

Demnach gibt es keine Wahrnehmung ohne Urteil, d.h. ohne einen Akt der Unterscheidung, obgleich es durchaus eine irrtumsimmune Basis der Wahrnehmung, die Empfindung, geben mag. In offenkundiger Anlehnung an Heraklits These vom allgemeinen Logos (dem xynon), unterscheidet Platon die privaten Empfindungen (idia pathê) von den Wahrnehmungen, die von einem zentralen allgemeinen Punkt, dem koinon, aus bestimmt werden. Dieser später sogenannte *sensus communis* ist nach Platon das Denken, die dianoia, welche ein Urteil (krisis) dahingehend fällt, dass dem Eindruck, dieses oder jenes sei der Fall, etwas korrespondiert, das tatsächlich der Fall ist. Auf diese Weise unterscheidet sich der Schleier der Empfindungen – die traumartigen Empfindungen, die sich uns irgendwie präsentieren – vom wachen Wahrnehmungsurteil, das nicht auf bloße Rezeptivität gegründet werden kann. Denn Wahrnehmung und Empfindung sind nicht dasselbe.

Hätte Protagoras hingegen recht, so wären wir Platon zufolge unseren Empfindungen in der Wahrnehmung ausgeliefert, d.h., wir würden alles für wahr halten, was sich uns irgendwie präsentiert, und wären darin überdies infallibel. Auf diese Weise droht aber ein radikaler Solipsismus, in dessen Folge sich die Allgemeinheit des Logos völlig ins Nichts auflösen würde. Die Differenz von Sein und Schein wird also benötigt, wenn wir miteinander kommunizieren und in einer gemeinsamen Welt leben wollen. Der Logos erschließt uns die Welt, und zwar so, dass wir in unserem Zugang zur Welt vermittels der Wahrnehmung fallibel sind.

In dieser Einsicht kann man eine der großartigen Entdeckungen Platons sehen, die bis in unsere Zeit gültig ist: Der Solipsismus scheitert an seiner Unfähigkeit, sich zu artikulieren. Er untergräbt die Möglichkeit der Kommunikation, weil er uns in unsere Überzeugungen einschließt, die letztlich nicht einmal mehr Überzeugungen sind. Denn wer von etwas überzeugt ist, hält es für wahr. Fürwahrhalten orientiert sich aber, insofern es fallibel ist, an der Wahrheit. Ansonsten wäre es kein Fürwahrhalten, sondern reines Wissen. Reines Wissen ohne Fürwahrhalten gibt es aber nicht, da wir nichts wissen können, von dem wir nicht überzeugt sind. Wir besprechen gemeinsam die Welt, um wahre von falschen Überzeugungen zu unterscheiden. Darin besteht u.a. die Aufgabe der platonischen Dialektik, einer Gesprächskunst, in welcher die Teilnehmer des Gesprächs die Wahrheit über eine bestimmte Sache anstreben, von der sich zunächst herausstellt, dass sie verschiedene Überzeugungen darüber haben.

Das Geschäft der Wahrheitsfindung setzt die Differenz von Sein und Schein voraus. Diese darf freilich nicht im Sinne eines metaphysischen Realismus hypostasiert werden, indem wir eine Welt jenseits unseres Zugriffs ansetzen. Um die Erkennbarkeit der Welt sicherzustellen, hat Platon eine Ideenlehre ausbuchstabiert, die, wie wir sehen werden, für die weitere Geschichte der Skepsis allerdings nicht von zentraler Bedeutung ist.

Für die antike Skepsis ist an Platons Version des Traumarguments die Entdeckung des skeptischen *Problems der Aparallaxie* entscheidend. ›Aparallaxie‹ heißt ›Ununterscheidbarkeit‹. Das Problem der Aparallaxie besteht darin, dass wir im Akt einer Wahrnehmung nicht sicherstellen können, ob es sich wirklich um einen Akt der Wahrnehmung oder um einen phänomenal ununterscheidbaren Akt handelt, in dem uns irgendetwas erscheint, das aber nicht der Fall ist. In allen halluzinatorischen Zuständen und auch im Traum ist unser gewöhnlicher kausaler Weltkontakt unterbrochen. Daher meinen wir auch nicht, wissen zu können, dass irgendetwas der Fall ist, wenn wir es träumen oder halluzinieren (jedenfalls nicht unter den Bedingungen des verbreiteten wissenschaftlichen Weltbildes). Wenn ich träume, dass ein Apfel vom Baum fällt, und er fällt zufällig gleichzeitig wirklich vom Baum, so werde ich nicht sagen, ich hätte wahrgenommen, dass der Apfel vom Baum fällt. Gleichwohl ist es intuitiv einleuchtend, dass uns alles so zu sein scheinen könnte, wie es uns zu sein scheint, selbst wenn unser gesamtes Leben nur ein Traum wäre. Diese Möglichkeit kennt man aus der Kunst, in unserer Zeit vermutlich am ehesten aus der Film-Trilogie *Matrix*.

Platon hat das Problem der Aparallaxie als Erster zu erkenntnistheoretischen Ehren gebracht und gleichzeitig versucht, eine

Lösung des Problems anzubieten. Wie so oft in der Geschichte der Philosophie, hat allerdings die Formulierung des Problems seine Lösung um Jahrtausende überlebt, denn heutzutage würde wohl niemand mehr ernsthaft die platonische Ideenlehre als Lösung der Skepsis anbieten, auch wenn die moderne Erkenntnistheorie seit Descartes wieder heftig mit dem Problem der Aparallaxie zu ringen hat.

Das Problem der Aparallaxie hängt eng mit dem sogenannten *Außenweltproblem* zusammen. Das Außenweltproblem besteht darin, dass wir nicht wissen können, ob es eine Welt jenseits unserer Vorstellungen gibt, da wir keinen unmittelbaren Zugriff auf die Welt haben können. Eine prominente Formulierung des Außenweltproblems aus Platons Zeiten ist die Erkenntnistheorie der *Kyrenaiker*, einer der sokratischen Schulen, deren Vertreter aus der nordafrikanischen Stadt Kyrênê stammten.[5] Die Kyrenaiker vertreten die These, dass das Einzige, was wir erfassen können, unsere privaten Eindrücke (ta oikeia pathê) sind. Das Seiende, d.h. die Welt an sich, die unsere Eindrücke auslösen mag, bleibe uns entzogen, da wir uns auf dieses nur vermittels unserer Eindrücke beziehen können. Alle Zeugnisse über die kyrenaische Erkenntnistheorie berichten eindeutig, dass dies die zentrale Lehre der Kyrenaiker gewesen sei.[6] Damit vertreten sie einen Solipsismus, dem zufolge wir mit unseren Eindrücken jeweils allein sind, da wir nicht wissen können, welche Eindrücke andere haben. Sie ziehen sich auf diese Weise aus dem Logos zurück, der das Allgemeine im Unterschied zur jeweiligen Meinung der Einzelnen ist. Ein Sein jenseits des Scheins ist uns nicht verfügbar. Diese skeptische erkenntnistheoretische Haltung setzen die Kyrenaiker bewusst ein, um einen Hedonismus zu rechtfertigen: Wenn uns nämlich ohnehin nur unsere privaten Eindrücke zugänglich sind, dann kann ein gelungenes Leben sich auch an keinen objektiven Standards orientieren. Also muss jeder in einem radikalen Sinne nach seiner Façon selig werden. Es wundert nicht, dass Platons Sokrates gleich zu Beginn des *Theaitetos* (Tht. 143c9-e3) eine abfällige Bemerkung über die Kyrenaiker fallen lässt, denen gegenüber er die megarische Schule vorzieht, weil diese ein ontologisch verstandenes wahres Gutes ansetzt, das sich von unseren privaten Meinungen über das Gute unterscheidet. Die Differenz von Sein und Schein müsse um jeden Preis gewahrt bleiben, weil sie auch die Grundlage einer rationalen, verhandelbaren Ethik ist.

Die Differenz von Sein und Schein setzt bereits zu Platons Zeiten ein ungeahntes skeptisches Potenzial frei. Dieses äußert sich etwa in einem berühmten nihilistischen Diktum des Gorgias: »Es ist nichts. Wenn etwas ist, so ist es den Menschen unerfaßbar. Wenn es auch erfaßbar ist, so ist es nicht auszudrücken und kann vom Nächsten nicht verstanden werden.« (DK 82 B 3) Wenn auch nicht endgültig entschieden werden kann, was Gorgias genau zu seinem Ausspruch bewegt hat, so scheint er doch Ausdruck einer radikalen Skepsis zu sein: Das Sein jenseits des Scheins gibt es nicht, und selbst, wenn es dieses gäbe, so wäre es unserem Zugriff entzogen, da wir keinen Zugriff auf die Wahrheit haben, ohne fallible Überzeugungen über diese auszubilden.

Obwohl Platon selbst versucht, die Skepsis zu überwinden, begründet sein Traumargument die epistemologische Skepsis, die bis in unsere Tage virulent ist. Denn Platon ist zum wirkmächtigen Entdecker des Prinzips der Aparallaxie geworden, indem er gezeigt hat, dass alle Wahrnehmungsurteile fallibel sind, und daraus geschlossen hat, dass im Akt der Wahrnehmung, insofern dieser rezeptiv und auf Empfindungen angewiesen ist, nicht sichergestellt werden kann, dass seine Vollzugsbedingungen erfüllt sind. Die Wahrnehmung hat kein Selbstbewusstsein, da sie wesentlich heteronom, d.h. fremdreferenziell, ist.

Nur wenige Generationen nach Platon durchläuft seine Akademie eine bemerkenswerte skeptische Phase. Die Skepsis im engeren Sinne einer hellenistischen Schule neben Stoa und Epikureismus entwickelt auf der Basis des Prinzips der Aparallaxie wirkmächtige erkenntnistheoretische Argumente gegen die Stoa. Dabei fällt Platons eigene Lösung des Problems der Aparallaxie, d.h. seine Ideenlehre und seine metaphysisch begründete Epistemologie, dem Seziermesser der Skepsis zum Opfer. Was übrig bleibt, sind die Paradoxien der Skepsis, die sich bewusst in die Situation manövriert, sogar ihre eigenen Behauptungen unter Vorbehalt zu stellen. Doch bevor diese Bewegung bei Sextus Empiricus in der pyrrhonischen Skepsis kulminiert, unternimmt die akademische Skepsis noch den Versuch, die Differenz von Sein und Schein aufrechtzuerhalten und gegen die Stoa ins Feld zu führen.

Die berühmten akademischen Skeptiker *Arkesilaos* (ca. 316/15-241/40 v. Chr.) und *Karneades* (ca. 214/13-129/28 v. Chr.) bedienen sich dabei der platonischen Argumentation aus dem *Theaitetos*, um die Erkenntnistheorie der Stoa auszuhebeln. Auf diesem Weg geht die tragisch-existenzielle Dimension der Differenz von Sein und Schein vorerst verloren. Die Differenz von Sein und Schein wird durchgängig im Rahmen einer epistemologischen Skepsis gegen die Grundbegriffe der stoischen Philosophie ausgespielt.

Eines scheint bei alledem festzustehen, dass nämlich die Reduktion von Sein auf Schein aufgrund der Drohung des Solipsismus nicht durchführbar ist. Dies ist die grundlegende Spielregel der antiken (im Sinne der akademischen und späteren pyrrhonischen) Skepsis. Wir werden noch sehen, dass aus diesem Grund auch die existenzielle Dimension der Skepsis weiterhin den Nährboden skeptischer Argumente bildet, die sich in der Antike niemals vollständig von der Ethik emanzipieren, selbst wenn die epistemologische Skepsis dies versucht.

Bevor wir zur antiken Skepsis im engeren Sinne der beiden Bewegungen der akademischen und pyrrhonischen Skepsis übergehen können, muss einiges über *Pyrrhon*, den Namensgeber der pyrrhonischen Skepsis, gesagt werden. Pyrrhon (ca. 360-270 v. Chr.) ist uns als eine schillernde Figur bekannt, von der lediglich Anekdoten überliefert sind, die sich bei späteren Autoren, vor allem bei dem Philosophiehistoriker Diogenes Laërtios finden. Pyrrhon selbst hat nichts Schriftliches hinterlassen. Wie es aussieht, hat er den Versuch, an der Differenz von Sein und Schein festzuhalten und auf dieser Basis nach Wahrheit zu suchen, aufgegeben. Stattdessen begreift er die Philosophie als Lebensform, in der es darum geht, keine allzu festen Überzeugungen zu haben, die sich bei genauerem Hinsehen ohnehin als nicht haltbar erweisen, wie die philosophische Gesprächspraxis zeigt. Letztlich lässt sich keine philosophische Position so gut begründen, dass nicht früher oder später gewichtige Einwände erhoben werden, welche die Position radikal infrage stellen.

Für unseren Zusammenhang ist insbesondere die folgende Anekdote von besonderer Bedeutsamkeit. Der Lehrer Pyrrhons, *Anaxarchos* (ca. 360-320 v. Chr.), hat einem Bericht bei Sextus Empiricus zufolge gelehrt, dass »das Seiende eine Bühnenmalerei ist, die den Bildern vergleichbar ist, die uns im Traum oder im Wahnsinn zufallen« (M 7.88). Als er eines Tages in einen Sumpf fiel und zu ertrinken drohte, soll Pyrrhon sich geweigert haben, ihm zu helfen (DL 9.63). Die Anekdote zeigt u.a., dass Pyrrhon im Unterschied zu Anaxarchos nicht einmal glaubte, dass das Leben ein Traum und das Seiende nicht erfassbar sei. Er wollte seinem Lehrer Anaxarchos demonstrieren, dass auch die Überzeugung, das Leben sei (wie) ein Traum, fragwürdig sei. Denn in Situationen, die blitzartige Aktionen und instinktartige Reaktionen erfordern wie die Situation des Ertrinkens, wären wir zur vollkommenen Handlungsunfähigkeit verurteilt, wenn wir die Situation lediglich und buchstäblich für ein Traumbild hielten.

Für Pyrrhon entscheidend ist die Entdeckung, dass die Seelenruhe (ataraxia) nicht darin bestehen kann, eine bestimmte philosophische Überzeugung zu haben, auch nicht diejenige, der zufolge alle philosophischen Überzeugungen nutzlos sind, weil wir die Wahrheit ohnehin nicht erfassen können. Überzeugungen spielen nämlich in unserem Leben eine Rolle, die nicht immer damit vereinbar ist, dass sie unter philosophischen Bedingungen unbegründet erscheinen. Im Augenblick seines Ertrinkens will Anaxarchos offenkundig nicht mehr glauben, dass das Leben nur ein Traum ist, da er ansonsten auch heldenhaft untergehen könnte. Schließlich ist es seinen eigenen Voraussetzungen nach nur ein geträumter Tod.

Allerdings ist Pyrrhon eher eine Projektionsfläche der späteren pyrrhonischen Skepsis, so dass es letztlich (ebenso wie im Fall des Sokrates) unmöglich ist, die historische Figur aus den Anekdoten herauszupräparieren. Es steht allerdings fest, dass Pyrrhon für die späteren Philosophen eine Haltung symbolisiert, welche die Seelenruhe durch die Zurückhaltung (epochê) allzu harter Überzeugungen anstrebt und die Philosophie demnach konsequent als Lebensform auffasst, eine Lebensform, die nicht im dialektischen Austausch unpersönlicher Argumente aufgehen kann. Viel mehr als um den Wahrheitswert seiner Propositionen geht es um die Haltung des Philosophierenden; es geht also eher darum, wer spricht und ob dasjenige, was er sagt, mit seiner Haltung übereinstimmt, als darum, die absolute Wahrheit jenseits des Scheins zu bestimmen. Die skeptische Lebensform tritt so von vornherein als Konkurrenzunternehmen zur metaphysischen Wahrheitssuche auf, welche versucht, das wahre Sein unabhängig von unseren jeweiligen Lebensformen zu bestimmen und damit aus den Relationen des gemeinen menschlichen Lebens auszubrechen. Dies führt Platons Höhlengleichnis paradigmatisch vor.

Der reifen pyrrhonischen Skepsis, wie sie insbesondere im umfangreich überlieferten Werk des *Sextus Empiricus* (vermutlich zweites Jahrhundert n. Chr.) überliefert ist, gehen historisch ungreifbare Figuren wie Pyrrhon, Aenesidemus und Agrippa voraus. Da uns ein großer Teil der Werke von Sextus überliefert ist, kann die Vorgeschichte der pyrrhonischen Skepsis also glücklicherweise ausgespart werden, zumal ihre Wirkungsgeschichte ausschließlich von Sextus ausgeht, der erst in der Neuzeit wiederentdeckt worden ist.[7] Ein entscheidender Faktor in der Ausbildung der radikalen pyrrhonischen Skepsis ist die Erkenntniskritik der akademischen Skepsis, die auf eine eigentümliche Weise an Platon und an die Unterscheidung von Sein und Schein anknüpft.

3. Der stoische Repräsentationalismus und seine skeptische Dekonstruktion

Platon wehrt sich ausdrücklich gegen die Identifikation der sogenannten Ideen mit mentalen Inhalten (vgl. Parm. 132b3-d4). Die platonischen Ideen sind vielmehr als logisch-ontologische Formen zu verstehen, die unserem mentalen Zugriff auf sie vorausgehen. Eine erste deutliche Subjektivierung erfährt der Ideenbegriff in Aristoteles' Schrift *Über die Seele*, wo der Einbildungskraft (phantasia) zusammen mit dem Denken (nous) die Aufgabe zugewiesen wird, die Formen der sinnlichen Substanzen, d.h. der Dinge der wahrnehmbaren Außenwelt, zu abstrahieren. Nicht zufällig heißen die repräsentationalen Vorstellungen in der Stoa und in der Skepsis später ›phantasiai‹, was der Plural zum aristotelischen Begriff für Einbildungskraft ist. Aristoteles versteht Wahrheit in diesem Zusammenhang auch als »Übereinstimmung« (homoiôsis) zwischen Gedanke bzw. Satz und bestehendem Sachverhalt, so dass der wahre Satz zum Ausdruck bringt, was der Fall ist. Unsere Gedanken und sinnlichen Eindrücke empfangen wir aus der sinnlichen Welt, die unser Denken allererst in Tätigkeit versetzt, bestimmte Gedanken miteinander zu verknüpfen. Unser Denken gleiche einer »Wachstafel« (De an. 429b31-430a2), die Eindrücke aufnimmt, so dass wir alle Gehalte der sinnlichen Welt lediglich durch Erfahrung kennenlernen können.

Damit sind die Grundlagen eines *mentalen Repräsentationalismus* gelegt, den die Stoa in ihrer Erkenntnistheorie ausbuchstabiert hat. Der mentale Repräsentationalismus besagt, dass unsere Erkenntnis der Welt nur dann möglich ist, wenn die intendierten Gehalte unabhängig von unseren Vorstellungen bestehen und in einer geeigneten Kausalrelation zu unseren Vorstellungen stehen. Wenn wir etwa einen Tisch wahrnehmen, der wirklich vor uns steht, so bringt der Tisch kausal die Vorstellung durch Vermittlung unserer sensorischen Ausstattung in Kombination mit anderen physikalischen Faktoren (Lichteinstrahlung usw.) hervor. Wenn wir den Tisch vorstellen, indem wir uns ein mentales Bild von ihm machen können, auch wenn er gerade nicht mehr vor uns steht oder wir uns kurz umwenden und uns den Tisch in Erinnerung rufen, so haben wir mentale Repräsentationen. Wenn diese mit der Wirklichkeit übereinstimmen, sind sie wahr, andernfalls falsch.

Der mentale Repräsentationalismus folgt anscheinend lückenlos aus einem *kausalen Modell der Erfahrung*. Diesem zufolge sehen wir etwa einen Tisch nur dann, wenn er wirklich vor uns steht und die Vorstellungen eines Tisches kausal in uns hervorruft. Das kausale Modell beruht allerdings auf einer fragwürdigen grundlegenden metaphysischen Annahme, die nicht unterschlagen werden darf. Dies ist die Annahme der Existenz einer Außenwelt in einem ganz bestimmten Sinne. Unter einer ›Außenwelt‹ wird dabei nämlich die Totalität aller raum-zeitlich ausgedehnten, wahrnehmbaren Einzeldinge verstanden, die kausal miteinander interagieren. Die Außenwelt besteht diesem Verständnis nach aus Tischen, Hochhäusern, Planetensystemen, Katzen und vielem anderen, das sich in Raum und Zeit befindet. Diese Annahme erscheint so plausibel, dass sie selbst von vielen Philosophen nicht hinterfragt worden ist. Dass sie problematisch ist, sieht man allerdings, wenn man bedenkt, dass Staaten, musikalische Kompositionen, Kunstwerke, Gespräche, Universitäten und Verkehrsregeln nach den genannten Kriterien nicht ohne Weiteres als Bestandteil der Außenwelt bezeichnet werden könnten. Universitäten und Staaten sind überhaupt nicht als Einzeldinge wahrnehmbar, selbst wenn sie in irgendeinem Sinne in der Außenwelt sind. Musikalische Kompositionen sind nicht identisch mit den Schallwellen, die sich durch den Raum bewegen und auf unser Ohr treffen. Das Gleiche gilt auch für Gespräche. Wenn wir uns an Verkehrsregeln halten, so geschieht dies nicht deshalb, weil sie uns kausal affizieren – und dennoch sind sie der entscheidende Faktor für das Funktionieren des Straßenverkehrs. Es sei deshalb bereits an dieser Stelle vor dem Begriff der Außenwelt gewarnt, der die trügerische Eigenschaft hat, uns vorzugaukeln, wir wüssten schon, was die Welt ist, wenn wir sie als Außenwelt bestimmen.

Der Begriff einer real existierenden Außenwelt ist bei den Stoikern der Begriff der »wirklich existierenden Außendinge« (ta ektos hypokeimena, ta hyparchonta). Da die Stoiker einen Materialismus vertreten, sind die Außendinge für sie materielle Einzeldinge in Raum und Zeit. Von diesen Außendingen und damit von der Außenwelt können wir ihnen zufolge nur dadurch Wissen erlangen, dass wir sie mental abbilden. Unser Zugang zur Welt ist dabei fallibel, weil wir nicht alles wirklich erfassen, was wir wirklich zu erfassen glauben. Wir können uns etwa leicht über die Distanz des Mondes zur Erde täuschen, wenn wir uns ans Augenmaß halten. Sinnestäuschungen jeder Art lehren uns, dass die Welt nicht einfach so ist, wie sie uns jeweils erscheint. Daran rütteln auch die Stoiker keineswegs, denn sie sind sichtlich bestrebt, ein kohärentes Weltbild ohne abwegige metaphysische Thesen zu entwerfen (wie sie in der vorsokratischen Philosophie zu Hause zu sein scheinen). In diesem Zusammenhang interpretieren die Stoiker freilich die vorsokratische Philosophie auch grundsätzlich von ihrer Physik her und meinen etwa an Heraklit anzuknüpfen, wenn sie Logos und (materielles) Feuer gleichsetzen (vgl. etwa SVF II 590; vgl. auch SVF I 98). Dabei entgeht ihnen allerdings, dass Heraklits »ewig brennendes Feuer« (DK 22 B 30) keinen realen Weltenbrand meint (SVF II 603, 617 u.ö.), sondern eine Metapher für die Transparenz des Denkens ist.

Wenn wir nun aber einmal fallibel sind und gleichzeitig von der Außenwelt nur dadurch etwas wissen können, dass wir sie in falliblen Vorstellungen repräsentieren, ergibt sich die Schwierigkeit, dass wir sicherstellen müssen, die Außenwelt bisweilen oder gar meistens so zu repräsentieren, wie sie wirklich ist. Damit stellt sich die gewichtige Frage nach einem *Kriterium der Wahrheit* (kritêrion tês alêtheias) (SVF II 105 ff.).[8] Wie können wir wissen, dass wir überhaupt etwas wissen, wenn wir keinen unmittelbaren, keinen durch unsere Vorstellungen unvermittelten Zugang zur Außenwelt haben? Die Lage wird umso komplizierter, je deutlicher wir einsehen, dass wir uns aufgrund des in Anschlag gebrachten Begriffs der Außenwelt selbst in diese Lage versetzt haben. Es ist unser eigener Begriff einer Außenwelt, die wir als solche nicht wahrnehmen, sondern nur unterstellen können, der uns die Frage nach dem Kriterium der Wahrheit unserer Vorstellungen stellen lässt.

Die Stoiker haben das Außenweltproblem in ihrer Erkenntnistheorie zu lösen versucht, die in ihrem Kanon zum Gebiet der

Logik gehört, neben der sie noch Physik (im Sinne von Naturphilosophie und Metaphysik) und Ethik betreiben. Das Kriterium der Wahrheit, für das die Stoiker dann hauptsächlich attackiert wurden, bezeichnen sie im Kontext ihrer Logik als »erfassende Vorstellung« (katalêptikê phantasia). Deren Problematik lässt sich am besten auf der Basis der Darstellung bei Sextus verstehen, die im Wesentlichen die Argumentation der akademischen Skepsis gegen den Begriff der erfassenden Vorstellung zusammenfasst.

Die stoische Erkenntnistheorie basiert Sextus zufolge auf der Annahme, dass der Gehalt von Vorstellungen genau dann objektiv ist, wenn er in angemessener Weise durch kausale Interaktion zwischen einem Außending und unserer Sinnlichkeit zustande gekommen ist. Durch Einwirkung der Außendinge auf unsere Sinnlichkeit entstehen »Eindrücke« (typoi, pathê) bzw. »Vorstellungen/Präsentationen« (phantasiai) in uns. Die Wahrheit unserer Vorstellungen liegt demnach in unserem kausalen Verhältnis zu den Dingen, die uns nur vermittels unserer Sinnlichkeit zugänglich sind und die wir verfehlen, wenn wir uns im Irrtum oder einer Täuschung befinden – was aber nichts an den Tatsachen selbst ändert, die wir zu repräsentieren beabsichtigen. Die Außendinge sind dabei dasjenige, »was jeweils unsere Eindrücke bewirkt« (M 7.194). Die Stoiker vertreten folglich ein strikt kausales Modell der Erfahrung, dem zufolge der Gehalt veridischer, d.h. gelingender Vorstellungen durch einen externen Vorgang zustande kommt.

Damit wir Eindrücke registrieren können, müssen wir ihnen freilich zustimmen (die Stoiker bezeichnen dies als ›synkatathesis‹), d.h. damit rechnen, dass wir wirklich etwas vorstellen, was auf uns einwirkt. Erst wenn wir unseren Eindrücken zustimmen und ihnen damit eine bestimmte Glaubwürdigkeit zuschreiben, sind wir imstande, unseren Eindrücken gemäß zu handeln. Wenn wir etwa sehen, dass sich uns ein Auto mit hoher Geschwindigkeit nähert, so stimmen wir unserem Eindruck zu, wenn wir versuchen, dem Auto auszuweichen. Wir vertrauen dem Eindruck eines sich nähernden Autos. Diese Zustimmung zu unseren bzw. das Vertrauen in die Objektivität unserer Vorstellungen ist notwendig, damit wir uns in der Außenwelt überhaupt orientieren können.

Die Aufgabe der Erkenntnistheorie besteht darin, Regeln anzugeben, die garantieren, dass eine hinreichend große Menge der Überzeugungen, denen wir Glauben schenken, wahr ist, indem sie auf zuverlässigen Wegen gewonnen worden sind. Dabei spielt der Begriff der erfassenden Vorstellung die alles entscheidende Rolle. Gemäß der maßgeblichen Definition ist eine erfassende Vorstellung eine solche, »die von etwas wirklich Existierendem [hyparchon] und, wie dieses wirklich Existierende an ihm selbst ist, in uns hineingebildet und eingedrückt worden ist dergestalt, daß dies nicht durch etwas nicht wirklich Existierendes geschehen sein könnte« (M 7.248; vgl. auch M 7.402, 426; PH 2.4; SVF I 59).[9]

Die umsichtige Formulierung, »daß dies nicht durch etwas nicht wirklich Existierendes geschehen könnte«, ist Sextus zufolge eine Reaktion auf die akademische skeptische Attacke gegen den Begriff der erfassenden Vorstellung, die allerdings genau besehen auch durch den Zusatz nicht gerettet werden könne (M 7.252). Bevor die skeptische Attacke auf den Begriff der erfassenden Vorstellung rekonstruiert werden kann, muss zunächst hervorgehoben werden, dass die Stoiker den Ideenbegriff bereits maßgeblich subjektiviert und als »mentalen Gehalt« (ennoia) aufgefasst haben, wodurch die »Ideen« zu »Vorstellungen« bzw. »Denkinhalten« werden: »Von den Denkinhalten sagen sie, sie seien weder irgendetwas Bestimmtes noch bestimmte Qualitäten, sondern eher bestimmte und qualitative Vorstellungen der Seele. Diese wurden von den Alten ›Ideen‹ genannt. [...] Seit Zenon sagen die Stoiker, daß die Ideen unsere Denkinhalte seien.« (SVF I 19)

Aus dieser radikalen Subjektivierung der Ideen zu mentalen Gehalten ergeben sich in der Folge nicht zufällig genau diejenigen Probleme des Repräsentationalismus, die bis in die zeitgenössische Debatte hinein wirksam sind. Die akademische Skepsis, allen voran Arkesilaos und Karneades, wendet sich unter Rekurs auf das Prinzip der Aparallaxie gegen die Möglichkeit einer erfassenden Vorstellung.[10] Das Prinzip der Aparallaxie besagt, wie wir gesehen haben, dass sich zu jeder ontologisch gehaltvollen eine phänomenal ununterscheidbare, aber leere Vorstellung finden lässt, die auf irgendeine andere als zuverlässige Weise zustande gekommen sein könnte und folglich nicht die nötigen Auflagen für eine erfassende Vorstellung erfüllt. Für keine einzelne Vorstellung kann demnach garantiert werden, dass sie nicht leer in dem Sinne ist, zwar einen intentionalen Gehalt zu haben, dem aber unabhängig vom Vorstellungsakt nichts Wirkliches entspricht.

Insbesondere Parmenides und Demokrit haben Sextus zufolge auf der Basis des Prinzips der Aparallaxie gar darauf geschlossen, dass »unsere Sinne allesamt Vorstellungen im Leerlauf sind, da es nichts von dem gibt, was sie zu erfassen scheinen« (PH 2.49; vgl. M 8.213, 354). Die leeren Meinungen der Sterblichen (die doxai) sind für die Eleaten wie für die Atomisten in der Tat insofern »Vorstellungen im Leerlauf« (kenopathêmata), als es entweder gar nichts von dem gibt, was sinnlich vorgestellt wird (Eleatismus), bzw. nur basale Konstituenzien der Wahrnehmungswelt (wie Bewegung, figürliche Gestalt usw.), die als solche aber ebenfalls nicht wahrgenommen, sondern lediglich erschlossen werden (Atomismus). Die meisten unserer Überzeugungen sind daher für Eleaten und Atomisten in der Tat leer, weil es prinzipiell nichts von dem geben kann, was ihnen ontologisch entspräche. Wer der Überzeugung ist, dass ein Auto naht oder dass ein Pfeil auf ihn abgeschossen worden ist, habe letztlich eine leere Vorstellung. Denn für die Eleaten gibt es nichts außer jenem Einen (das Sein), das sich aber nicht bewegt, während die Atomisten sagen würden, dass sich gar kein Auto bzw. kein Pfeil nähert, sondern lediglich ein auf bestimmte Weise angestoßener und formierter Atomhaufen auf uns losschießt.

Das wichtige Prinzip der Aparallaxie wird von Sextus im Gefolge der Argumente der akademischen Skepsis als ein allgemeines Argument gegen die Möglichkeit eines Wahrheitskriteriums ins Feld geführt, d.h. hier eines Kriteriums, das a priori notwendige und hinreichende Bedingungen für veridische, also gelingende Wahrnehmung angibt und damit festlegt, was es heißt, dass eine Vorstellung ontologisch gehaltvoll ist. Das Kriterium der Wahrheit soll uns dabei helfen, wahre von falschen Überzeugungen über die Außenwelt zu unterscheiden. Gelänge es nicht, ein solches Kriterium ausfindig zu machen, dann drohte die Differenz von Sein und Schein zu kollabieren, da wir nicht mehr imstande wären, beide anhand eines feststehenden Kriteriums zu unterscheiden.

Die Analyse der Vorstellung ist dabei ein Kandidat für die Entdeckung des Wahrheitskriteriums, weil eine Vorstellung »wie das Licht sich selbst zeigt und alles, was in ihm erscheint« (M 7.163). Wenn wir nämlich etwas sinnlich vorstellen, so zeigt es sich uns als solches im Medium der Vorstellung. In der Vorstellung wird etwas dadurch vorgestellt, dass jene die »Wirkung« (pathos) einer Sache ist. Allgemein gesprochen ist jede Vorstellung eine »qualitative Veränderung« (alloiôsis, heteroiôsis) unseres kognitiven Informationsstands, weil wir passiv in den Zustand einer bestimmten Vorstellung gelangen, in dem wir uns nicht immer schon befunden haben (M 9.146). Durch Veränderung unserer Stellung in Raum und Zeit verändert sich in jedem Moment unseres bewussten Lebens qualitativ der repräsentationale Informationsstand, in den wir anschaulich versetzt werden. Eine *erfassende* Vorstellung im Sinne des stoischen Kriteriums der Wahrheit liegt nun immer dann vor, wenn die kausal hervorgerufene Vorstellung eine wahre Vorstellung ist, d.h. genau dann, wenn dasjenige, was vorgestellt wird, selbst die Vorstellung in zuverlässiger Weise hervorgebracht hat.

Das Problem, auf welches das Prinzip der Aparallaxie in diesem Zusammenhang aufmerksam macht, ist nun allerdings, dass nicht *alle* Vorstellungen gelingende, veridische Wahrnehmungen sind, dass nicht jede Vorstellung und demnach auch nicht Vorstellungen unmittelbar erfassend sind, sondern, wenn überhaupt, nur die Klasse veridischer Wahrnehmungen ein Wahrheitskriterium abgeben kann (vgl. M 7.163): »Da es nun aber keine wahre Vorstellung gibt, die nicht ebenso falsch sein könnte, sondern sich für jede scheinbar wahre eine phänomenal ununterscheidbare, aber falsche Vorstellung finden läßt, muß das Kriterium in einer Vorstellung liegen, die der wahren und falschen gemeinsam ist.« (M 7.164)

Nun kann diese allgemeine Vorstellung (koinê phantasia), »die der wahren und falschen gemeinsam ist«, d.h. die Präsentation von etwas überhaupt, nicht schon erfassend sein, weil sie ansonsten bereits wahr und demnach nicht mehr der gemeinsame Nenner von leerer und gehaltvoller Vorstellung, d.h. eine Präsentation von etwas überhaupt wäre. Dies bedeutet aber, dass die Vorstellung kein Wahrheitskriterium sein kann, zumal sie eingeführt wird, um der Möglichkeit Rechnung zu tragen, dass eine vorliegende Präsentation einer Sache wahrheitswertdifferent und demnach wahr *oder* falsch sein kann.

Stellt man sich dem Problem des Wahrheitskriteriums im Zusammenhang einer Theorie der Repräsentation, erzeugt man also gerade dadurch die unbequeme Lage, dass man es mit Vorstellungen überhaupt, d.h. mit der allgemeinen Vorstellung, zu tun bekommt, und ist auf diese Weise genötigt, Bedingungen festzulegen, die leere von gehaltvollen Vorstellungen unterscheiden. Räumt man ein, dass es eine allgemeine Klasse von ›Vorstellungen überhaupt‹ gibt, und begibt sich auf die Suche nach spezifischen Merkmalen, die leere von gehaltvollen Vorstellungen unterscheiden, so ergibt sich das folgende skeptische Problem: Es gehört zur Vorstellung, dass sich dem Vorstellenden, der beurteilen soll, ob die Vorstellung leer oder gehaltvoll ist, zunächst überhaupt irgendetwas präsentiert bzw. erscheint (M 7.165). Auf Griechisch heißt urteilen ›krinein‹, d.h. entscheiden bzw. unterscheiden. Bevor entschieden und damit beurteilt werden kann, ob die Vorstellung leer oder gehaltvoll ist, muss sie immerhin schon eine »Vorstellung von etwas« (phantasia tinos) (M 7.167), d.h. zumindest intentional sein. Soll demnach beurteilt werden können, ob ein präsentierter Gehalt unabhängig von seiner Präsentation wahr in dem Sinne ist, dass ein entsprechendes ontologisches Korrelat vorliegt, das die Ursache der Präsentation ist, muss der Gehalt allererst vorgestellt werden. In diesem Akt kann aber nicht schon ausgemacht sein, ob er wahr oder falsch ist. Bedient man sich nun einer weiteren Vorstellung zweiter Stufe, die dabei helfen soll, den epistemischen Wert der Vorstellung erster Stufe zu ermitteln, indem man etwa eine zweite Person oder eine weitere Vorstellung in der Frage zu Rate zieht, was gerade der Fall ist, bedient man sich wiederum einer Vorstellung mit bestimmtem Gehalt, so dass man sich in einem Zirkel verfängt, den man als den *Zirkel des Repräsentationalismus* bezeichnen kann. Sextus bestimmt ihn folgendermaßen: »Demnach müßten wir das wirkliche Objekt [to hyparchon] vorgängig erfassen, damit wir verstehen können, wann wir es mit einer erfassenden Vorstellung zu tun haben. Damit wir aber das wirkliche Objekt vorgängig erfassen können, müssen wir die erfassende Vorstellung bereits voraussetzen.« (M 7.426)

Wenn wir unseren mentalen Zugang zur Welt im Rahmen einer Theorie der Repräsentation beschreiben, ergibt sich also die Aporie, dass wir aus unseren Vorstellungen und Überzeugungen gleichsam zumindest einmal ausgestiegen sein müssten, um die Welt an sich mit unseren repräsentationalen Zuständen verglichen zu haben. Woher wissen wir aber überhaupt, dass es eine Welt an sich gibt, wenn wir zu dieser doch nur einen repräsentationalen Zugang haben können? Die Theorie der Repräsentation überschreitet also die Grenze, die sie selbst zwischen unseren Vorstellungen und der Welt zieht. Denn nur so kann sie erklären, dass unsere Vorstellungen fallibel sind. Diese müssen nämlich etwas vorstellen, was unabhängig von ihnen vorliegt: die Außendinge. Doch alle Außendinge können nur vorgestellt werden, ohne dass wir im Einzelfall wissen, ob wir ein Ding außer uns tatsächlich in uns repräsentieren. Wir verlieren den Boden unter den Füßen und drehen uns im Kreis. Diese Situation ist dem mentalen Repräsentationalismus eigen. Wittgenstein hat diesen Zirkel mit dem folgenden anschaulichen Vergleich auf den Punkt gebracht. Es sei, »als kaufte Einer mehrere Exemplare der heutigen Morgenzeitung, um sich zu vergewissern, dass sie die Wahrheit schreibt. In der Vorstellung eine Tabelle nachschlagen, ist so wenig ein Nachschlagen einer Tabelle, wie die Vorstellung des Ergebnisses eines vorgestellten Experiments das Ergebnis eines Experiments ist.« (PU, § 265)

Wenn wir nur unsere Vorstellungen der Welt hätten, so wäre die Welt ebenfalls eine Vorstellung, was die Position des Solipsismus ist. Und auch alle Personen, auf die wir treffen, wären nur unsere Vorstellungen, ohne dass wir jemals sicher sein könnten, dass es außerhalb unserer Vorstellungen irgendetwas Wirkliches, eine Welt an sich, gibt. Wir könnten demnach gar nicht mehr mit der Welt interagieren, um festzustellen, was der Fall ist, da wir stets nur auf unsere Vorstellungen der Welt Bezug nehmen könnten. Unser Weltbezug verschwände völlig, und die Welt würde zur Welt als Vorstellung.

Wenn der mentale Repräsentationalismus die alternativlose Erklärung unseres mentalen Zugangs zur Welt wäre, drohte also ein Solipsismus des vorstellenden Subjekts. Es ließe sich allenfalls das Subjekt, das Vorstellungen hat, mit Gewissheit erkennen, da der Akt des Vorstellens tatsächlich vollzogen wird, indem man vorstellt, ohne dass er auf etwas Externes angewiesen wäre. Unter den Bedingungen des Solipsismus könnten wir letztlich gar nichts mehr mit Gewissheit darüber ausmachen, wie die Welt an sich ist. Das Paradoxe daran ist, dass diese missliche Lage zum mentalen Repräsentationalismus selbst gehört. Er erzeugt seine eigene Aporie, wie die akademische Skepsis mit Nachdruck gezeigt hat, indem sie dem Wahrheitskriterium der erfassenden Vorstellungen mithilfe des Prinzips der Aparallaxie den Boden entzogen hat.

Die akademischen Skeptiker haben allerdings nicht den Weg der radikalen Skepsis eingeschlagen, die auch das Projekt der Erkenntnistheorie als solches verabschiedet. Sie haben stattdessen versucht, eine probabilistische (also wahrscheinlichkeitstheoretische) Erkenntnistheorie zu entwerfen.[11] Ihre probabilistische Erkenntnistheorie dreht sich um den Begriff des ›pithanon‹, des ›Glaubwürdigen‹ bzw. ›Wahrscheinlichen‹. An die Stelle der erfassenden Vorstellung der Stoiker setzen sie die »glaubwürdige Vorstellung« (pithanê phantasia), wie Sextus berichtet (M 7.184-189; PH 1.227 f.). Die dahinter stehende Überlegung lässt sich leicht plausibel machen. Wenn es eine Welt an sich gibt und wenn wir zu dieser nur einen repräsentationalen Zugang haben können, dann ist es zumindest nicht unwahrscheinlich, dass einige oder gar viele unserer Überzeugungen über die Welt an sich wahr sind. Zwar haben wir kein ultimatives Wahrheitskriterium an der Hand und sind insofern letztlich dem Zufall ausgeliefert. Es liegt nicht in unserer Hand, welche unserer Vorstellungen gehaltvoll und welche leer sind. Dennoch können wir im Einzelfall Überlegungen und Versuche anstellen, die uns der Welt näherbringen.

Wer z.B. glaubt, dass sich ein römischer Palazzo vor ihm erhebt und sich die skeptische Frage stellt, ob er den Palazzo nicht doch entgegen dem Anschein halluziniert, hat Mittel und Wege, deren wir uns gemeinhin bedienen, um herauszufinden, ob wirklich ein Palazzo dort steht, wo wir ihn vorstellen. Wir könnten Passanten befragen, ob sie den Palazzo ebenfalls sehen, und könnten überprüfen, ob gute Bedingungen (etwa hinreichende Sichtbarkeit durch gutes Tageslicht usw.) bestehen, die es wahrscheinlich machen, dass ein Palazzo genau dort steht, wo wir ihn zu sehen meinen. Natürlich sind diese Überlegungen niemals zwingend, da die Passanten uns betrügen könnten und die Bedingungen de facto schlechter sein könnten, als sie uns erscheinen. Dennoch funktionieren unsere alltäglichen Praktiken des epistemischen Umgangs mit der Welt in der Tat so, dass wir Parameter abwägen und nach dem Maßstab der subjektiven Wahrscheinlichkeit urteilen, d.h. nach den Maßgaben, die wir für gültig erachten. Wir legen demnach fortwährend eine Art Sicherheitsfaktor fest, an dem wir unsere Überzeugungsbildung orientieren, ohne dass dieser Sicherheitsfaktor durch einen von unseren Erkenntnisinteressen unabhängigen, objektiven Maßstab bewertet werden könnte.

Gegen die probabilistische Erkenntnistheorie der akademischen Skepsis hat Sextus das *Gleichnis von Schlange und Seil* ins Feld geführt. Der akademische Skeptiker, der sich die Frage stellt, welche Überzeugungen wahr sind, und versucht, seine Überzeugungen in die Klasse der wahrscheinlichen und unwahrscheinlichen einzuteilen, gleicht Sextus zufolge jemanden, der »in einem dunklen Haus ein verwickeltes Seil sieht und unmittelbar annimmt, eine Schlange zu sehen, anschließend aber darauf zurückkommt und die Wahrheit untersucht, und, indem er herausfindet, daß es unbewegt ist, durch das Denken geneigt wird anzunehmen, es sei keine Schlange. Gleichwohl bedenkt er, daß auch Schlangen sich bisweilen nicht bewegen, wenn sie etwa durch den Frost im Winter betäubt sind. Daraufhin berührt er das verwickelte Etwas mit einem Stab und dann, nachdem er die Vorstellung, die sich ihm darbietet, geprüft hat, stimmt er dem Urteil zu, daß es falsch ist, daß dasjenige eine Schlange ist, was sich ihm in der Gestalt jenes Körpers präsentiert.« (M 7.177 f.)

Betrachtet man unsere epistemische Aktivität auf diese Weise, so Sextus, müsse man aber in jedem Fall die natürlichen Bedingungen dafür »vorher durchgehen« (prodiexodeuein) (M 7.188), dass wir die detektivische Untersuchung unserer Überzeugung bzw. Vorstellung auf ihren Wahrheitsgehalt hin überhaupt unternehmen können. Dies verpflichtet die akademischen Skeptiker auf ein »prior grounding requirement«[12], um einen Terminus Michael Williams' aufzugreifen. Es müssen also vorab die Bedingungen dafür sichergestellt werden, dass wir unsere epistemische Aktivität überhaupt ausüben können. Dies ist aber aufgrund des Prinzips der Aparallaxie unmöglich, da auch die Überzeugungen darüber, welche Überzeugungen wahrscheinlich wahr bzw. falsch sind, unter Erfolgsbedingungen stehen, die nicht notwendig erfüllt sein können. Die geprüfte Vorstellung, es handele sich nicht um eine Schlange, sondern um ein unbewegtes Seil, ist grundsätzlich nicht sicherer als der ungeprüfte erste Eindruck, dass es eine Schlange sei. Denn auch der Eindruck, vor uns liege ein unbewegtes Seil, könnte uns täuschen, da es möglicherweise kein Seil, sondern irgendetwas anderes ist, das den Eindruck eines Seils in uns hervorruft.

Das Beispiel von Schlange und Seil setzt Sextus gegen das akademische Wahrheitskriterium der glaubwürdigen Vorstellung ein. Die akademische Skepsis reagiert auf das Prinzip der Aparallaxie unter Hinweis darauf, dass eine hinreichend große Menge unserer Überzeugungen wahrscheinlich wahr sei, so dass sich für jede einzelne Überzeugung die Frage stelle, was für sie und was gegen sie spreche, ohne dass jemals ein zwingender Grund angeführt werden könne, um die Frage ein für alle Mal zu entscheiden. Solche zwingenden Gründe könne es nämlich nicht geben, wie die akademische Skepsis gegen das stoische Wahrheitskriterium festhält, weshalb wir an unsere alltägliche epistemische Orientierung auch nicht den überzogenen Anspruch stellen dürften, das Unmögliche zu leisten.

Die akademische Skepsis bestreitet also, dass es wahrheitsgarantierende Gründe, d.h. Gründe gibt, die wir anführen können und die sicherstellen, dass eine *bestimmte* Überzeugung wahr ist. Wahrheitsgarantierende Gründe gibt es genau deshalb nicht, weil wir aufgrund des Prinzips der Aparallaxie niemals sicherstellen können, ob wir gerade, hic et nunc, im Besitz eines wahrheitsgarantierenden Grundes sind. Dennoch ist es unter Umständen wahrscheinlich, dass es sich so verhält, wie wir meinen, und nicht anders, was wir aus dem Verlauf unserer Überzeugungen und vor dem Hintergrund zahlreicher Informationen, über die wir verfügen, vermuten dürfen. Gleichwohl sind die Gründe, die unsere Überzeugungen wahrscheinlich machen, nicht wahrheits*garantierend*, womit die akademischen Skeptiker der durchgängigen Fallibilität unserer empirischen Überzeugungen Rechnung tragen.

Der Fallibilismus der akademischen Skepsis steht in der Tradition der alten Akademie, insofern sie letztlich auf Platons Unterscheidung von bloßer Meinung (doxa) und wirklichem Wissen (epistêmê) zurückgreift, die Platon z.B. im Liniengleichnis der *Politeia* trifft (Rep. 509d-511e). Allerdings bleibt in der akademischen Skepsis lediglich die Doxa zurück, da die Ideenlehre und die mit ihr verbundene starke Epistemologie und Ontologie fallen gelassen werden. Die Kritik der sinnlichen Wahrnehmung als Zugang zu eigentlichem, d.h. stets nicht-empirischem Wissen ist

Standard im Platonismus. In diesem Sinne kann man die neuakademische Skepsis als Versuch ansehen, ein platonisches Weltbild unter den Bedingungen der hellenistischen Philosophie aufrechtzuerhalten.[13]

Der skeptische Probabilismus behauptet, dass wir uns der Wahrheit keiner einzelnen Überzeugung sicher sein können, obwohl wir unter Umständen berechtigt sind, ihre Wahrheit für wahrscheinlich zu halten. Auf diese Weise wird die Wahrheit unserer Überzeugungen zu einem Spiel des Zufalls, denn keine wahrscheinlichkeitstheoretische Überlegung reicht jemals hin, um ausschließen zu können, dass eine gegebene Überzeugung selbst vor dem Hintergrund aller anderen wahrscheinlichen Überzeugungen falsch ist. Auch noch der beste Grund für unsere Überzeugungen muss nämlich mit der Fallibilität dieser unserer Überzeugungen kompatibel sein.

Das Beispiel von Schlange und Seil zeigt, dass die akademische Skepsis dabei normale Umstände der Evaluation empirischer Überzeugungen postulieren muss, wie etwa jene, »daß unsere Sinne in Ordnung sind, daß wir wachen und nicht bloß Traumbilder sehen, daß klare Luft vor uns ist und ein adäquater Abstand zwischen uns und dem Gesehenen besteht, sowie, daß das Gesehene sich nicht [zu schnell] bewegt, so dass aufgrund all dessen die Vorstellung glaubwürdig ist, nachdem wir genug Zeit hatten, um vorab durchzugehen, was alles an dem Ort zu beobachten ist, von dem her die Vorstellung an uns dringt« (M 7.188 f.).

Mit anderen Worten, es muss vorab sichergestellt werden, dass die Standardbedingungen für Wahrnehmung erfüllt sind (worin auch immer diese im Einzelnen bestehen mögen), damit eine durch Wahrnehmung erworbene Vorstellung für glaubwürdig bzw. wahrscheinlich gehalten werden kann. Welche Untersuchungen wir aber auch immer anstellen mögen, um sicherzustellen, dass die Standardbedingungen für Wahrnehmung erfüllt sind: Auch diese Untersuchungen setzen jederzeit ihrerseits Standardbedingungen bzw. Annahmen über Standardbedingungen voraus. Es ist unmöglich, Standardbedingungen aufzulisten, ohne dafür bereits andere Standardbedingungen in Anspruch zu nehmen. Deshalb bleiben alle Versuche, ein Wahrheitskriterium durch Auflistung von Standardbedingungen zu definieren, notwendig auf Voraussetzungen angewiesen, die wir nicht allesamt überprüfen können.

Das griechische Verb ›skeptomai‹, von dem sich die Skepsis ableitet, bedeutet keineswegs ›zweifeln‹, sondern heißt lediglich ›genau hinsehen‹. Die Skepsis ist also stets bestrebt, genau hinzusehen und eine voreilige Überzeugungsbildung zu vermeiden. Das akademische Wahrheitskriterium der glaubwürdigen Vorstellung erweist sich aber bei genauerem Hinsehen, also unter dem Seziermesser der Skepsis, als äußerst fragwürdig. Zwar beschreibt es unsere faktische epistemische Orientierung in der Welt. Denn wir orientieren uns in der Welt in der Tat so, dass wir ein Netzwerk von Überzeugungen ausbilden, die wir untereinander und mit jenen Informationen vergleichen, die wir sammeln, um auf dieser Basis jeweils eine für uns wahrscheinlich richtige Überzeugung zu erwerben und diese abzusichern. Allerdings könnte dasjenige, was uns subjektiv wahrscheinlich zu sein scheint, schlicht falsch oder objektiv unwahrscheinlich sein, ohne dass wir dies im Vollzug unserer epistemischen Alltäglichkeit bemerken. Die akademische Skepsis beschreibt demnach eher dasjenige, was wir tatsächlich tun, nämlich unter den Bedingungen unserer Fallibilität Wahrheitsansprüche zu erheben. Sie rechtfertigt diese Praxis allerdings keineswegs und verteidigt sie auch nicht gegen den Einwand, dass die Standardbedingungen von Wahrnehmung nicht zirkelfrei festgestellt werden können. Wir können nicht ohne eine weitere Wahrnehmung wissen, ob die Standardbedingungen für Wahrnehmung in einem gegebenen Fall erfüllt sind. Die scheinbar maßvolle Position der akademischen Skepsis, gesichertes ›platonisches‹ Wissen (epistêmê) durch Meinung und Mutmaßung (doxa) zu ersetzen, scheitert demnach an ihrem eigenen Maßstab. Darüber hinaus stellt sich das Problem der Selbstanwendung: *Wissen* wir, dass wir lediglich Meinungen, aber kein Wissen haben, oder ist auch dies nur eine Meinung, die wahrscheinlich ist? Im letzteren Falle wäre das Wahrheitskriterium selbst fallibel und könnte uns folglich nicht mehr weiterhelfen. Denn wie sollen wir trotz unserer Fallibilität mithilfe eines Wahrheitskriteriums einen globalen Irrtum ausschließen, wenn das Wahrheitskriterium selbst ein Irrtum sein könnte?

4. Das Außenweltproblem bei Sextus Empiricus

An diesem Punkt knüpft Sextus Empiricus, der wohl radikalste Skeptiker der gesamten Antike, an. Sextus schließt sich zwar der skeptischen Dekonstruktion des Repräsentationalismus an, bestreitet dabei allerdings, dass die glaubwürdige Vorstellung überhaupt als Wahrheitskriterium fungieren kann. Zu diesem Zweck greift er auf den kyrenaischen Solipsismus des vorstellenden Subjekts zurück. Wie wir gesehen haben, vertraten die Kyrenaiker die These, dass uns lediglich unsere privaten Eindrücke zugänglich sind, wobei diese keinen verlässlichen Hinweis auf ihre Herkunft enthalten. Sextus greift diese radikale solipsistische These auf und schließt daraus sogleich, dass »sich uns allein der Eindruck präsentiert. Was außerhalb des Eindrucks ist und ihn hervorbringt, existiert zwar vielleicht [tacha men estin on], stellt sich uns aber nicht dar. Auf diese Weise sind wir im Hinblick auf unsere privaten Eindrücke alle unfehlbar, was aber das Außending angeht, alle im Irrtum. Unsere privaten Eindrücke sind erfaßbar, das Außending hingegen unerfaßbar.« (M 7.194 f.)

Der englische Philosoph und Altphilologe Myles Burnyeat hat in seinem einflussreichen Aufsatz »Idealism and Greek Philosophy« die Behauptung aufgestellt, dass es in der Antike kein Außenweltproblem gegeben habe.[14] Sowohl die Kyrenaiker als auch Sextus sagen Burnyeat zufolge lediglich, dass wir die Welt an sich nicht erkennen können, woraus sie aber nicht schlössen, dass es sie nicht gebe. Nun könnte man im Sinne Burnyeats unterstreichen, dass Sextus an der zitierten Stelle den Kyrenaikern nicht unterstellt, die Existenz einer Außenwelt zu bestreiten. Er sagt schließlich, dass diese immerhin »vielleicht« (tacha) existiere. Allerdings berücksichtigt Burnyeat nicht hinreichend, dass jenes »vielleicht« eine skeptische Programmformel ist, eine ›phônê‹, wie Sextus seine Programmformeln bezeichnet (vgl. PH 1.194 f.). Das »vielleicht« übt in einer skeptischen Argumentation eine genau ausweisbare Funktion aus. Es zeigt Sextus' eigener Auskunft zufolge nämlich die »Nicht-Behauptung« (aphasia) einer möglichen Aussage an: »Derjenige, der sagt ›vielleicht ist es so-und-so‹ [taxa estin], setzt implizit auch dasjenige, was seiner Aussage zu widerstreiten scheint, daß es nämlich vielleicht auch nicht so-und-so ist, indem er nichts Festes darüber ausmacht, daß es so-und-so ist.« (PH 1.195)

Auf unseren Fall angewendet bedeutet dies, dass Sextus den Kyrenaikern nicht die (hypothetische) Annahme einer Außenwelt unterstellt, sondern dass er sich selbst mit seiner Formulierung a limine, also von vornherein des Urteils in der Frage enthält, ob es Außendinge gibt oder nicht.

Aus seiner Abgrenzung von Skepsis und kyrenaischer Lehre im einunddreißigsten Kapitel des ersten Buches seines *Grundrisses der pyrrhonischen Skepsis* wissen wir überdies, dass die Skeptiker »sich hinsichtlich der dogmatischen Aussage des Urteils über die Außendinge enthalten« (PH 1.215), während die Kyrenaiker deren Unerkennbarkeit *behaupten*. Sextus selbst behauptet also weder die Existenz von Außendingen, noch bestreitet er diese, da beides dogmatische Positionen wären, die der Skeptiker infrage stellen muss. Ebenso wenig behauptet er die Unerkennbarkeit der Außenwelt, noch bestreitet er sie. Weder das eine noch das andere kann er behaupten – was der Programmformel des »nicht eher« (ou mallon) (vgl. PH 1.188-191) entspricht. Diese besagt wörtlich, dass wir von allen Dingen weder behaupten können, dass sie so sind, noch dass sie anders sind: Sie sind vielmehr »nicht eher« dieses als jenes.

Es gibt also durchaus sowohl bei Sextus als auch schon bei den Kyrenaikern ein Außenweltproblem, das mit dem Solipsismus einhergeht. Wenn wir das wahre Sein nicht unabhängig von unseren stets bestreitbaren Überzeugungen erfassen können, dann haben wir es mit einem radikalen Außenweltproblem zu tun. Dabei ist es nicht nur die Außenwelt, die uns abhanden kommt, wenn wir das wahre Sein nicht erkennen können. Alle Objektivität unserer Überzeugungen gerät in Gefahr, wenn wir die Außenwelt verlieren.

Sextus schließt mit den Kyrenaikern aus der Theorieanlage des mentalen Repräsentationalismus, dass die naive Annahme einer Außenwelt, die kausal auf unsere Sinnlichkeit einwirkt und dadurch erkennbar ist, dass wir in einem kausalen Kontakt mit ihr stehen, zur Annahme der Unerkennbarkeit der Außenwelt führt. Dies folgt aus dem einfachen Prinzip, dass aus einer Wirkung nicht vorbehaltlos auf ihre Ursache geschlossen werden kann, da eine Wirkung verschiedene Ursachen haben kann. Nun steht uns im Falle unserer Überzeugungen über die Außenwelt aber lediglich ein solcher jederzeit fallibler Schluss zur Verfügung, da wir aus unseren Überzeugungen nicht aussteigen können und gleichzeitig damit rechnen, dass sie durch kausale Einwirkung von Außendingen zustande kommen. Daher müssen wir einräumen, dass diese Außendinge für uns prinzipiell unerkennbar sind. Diesen

Gedankengang unterstellt Sextus jedenfalls den Kyrenaikern, womit er nichts weniger als ein radikales Außenweltproblem formuliert.

An einer anderen, von Burnyeat nicht erwähnten Stelle geht Sextus in seiner Schrift *Gegen die Musiker* noch viel weiter, indem er den Kyrenaikern einen uneingeschränkten Solipsismus (ohne Außendinge) zuschreibt. Sextus sagt dort ausdrücklich, die Kyrenaiker behaupteten, dass »allein unsere Eindrücke wirklich existieren (hyparchein), aber nichts anderes« (M 6.53). Der erste Schritt zur Begründung dieses Solipsismus wird nach Sextus getan, indem aus dem kausalen Modell unseres mentalen Zugangs zur Welt folgen soll, dass das Denken durch die Sinne verdunkelt wird. Denn unsere Sinne werden zwischen das Denken und die Welt geschaltet. »Indem das Denken nun innen abgeriegelt ist und durch die Sinne verdunkelt wird, wird wohl nichts Äußeres mehr erfaßbar sein.« (M 7.353) Auf diese Weise besteht jederzeit die Möglichkeit, die kausale Herkunft der Vorstellungen gänzlich hinter sich zu lassen. Denn es zeigt sich, dass es ohnehin keine Möglichkeit gibt, die kausale Herkunft unserer Vorstellungen zu rechtfertigen, ohne dabei etwas ins Spiel zu bringen, das dem Zugriff der Vorstellungsakte entzogen ist.

Doch nicht nur in seiner Anknüpfung an die Kyrenaiker bringt Sextus das Außenweltproblem zum Ausdruck. An einer anderen Stelle kommt die tragische und somit existenzielle Dimension der Skepsis wieder zum Tragen, wie sie der griechischen Kultur und vorsokratischen Metaphysik zu eigen war. Sextus berichtet nämlich, dass Anaxarchos, der uns bereits als Lehrer Pyrrhons begegnet ist, und der kynische Philosoph Monimos gelehrt hätten, »daß das Seiende eine Bühnenmalerei ist, die den Bildern vergleichbar ist, die uns im Traum oder im Wahnsinn zufallen« (M 7.88). Das Sein wäre demnach ein tragischer Schein, der Schein der Bühne, auf der sich niemals ein wahres Sein, sondern stets nur ein Schauspiel ereignet. Von Monimos und dem korinthischen Philosophen Xeniades berichtet Sextus auch, sie hätten gelehrt, »daß es nicht Wahres gibt. Vielleicht meint dies auch Monimos der Kyniker, der sagt, dass alles Rauch [typhos] sei, d.h. die Meinung, daß das Nicht-Seiende das Seiende sei.« (M 8.5) Die Unerkennbarkeit des wahren Seins entlarvt die Welt, in der wir gemeinhin zu leben glauben, als Schein, da die Welt, in der wir zu leben glauben, nicht die Welt ist, wie sie wirklich ist. Auf diese haben wir gar keinen Zugriff.[15]

Neben dem Problem der Aparallaxie führt Sextus die sogenannten skeptischen ›Tropen‹ gegen die sinnliche Gewissheit ins Feld, d.h. gegen unsere gewöhnliche Einstellung im Umgang mit der Welt, in der wir meinen, Dinge in einer Außenwelt wahrzunehmen. Tropen sind Argumentationsfiguren. Ein ›tropos‹ ist wörtlich eine ›Wendung‹, d.h. eine bestimmte Figur der Rede, mit deren Hilfe man sich gegen fixe Überzeugungen wendet. Die skeptischen Tropen argumentieren im Großen und Ganzen dafür, dass alles Seiende in Relation auf die Umstände seiner Rezeption steht. Dies macht besonders der Katalog der zehn Tropen (PH 1.36-163) deutlich, neben dem es noch einen Katalog von fünf (PH 1.164-177) und einen von zwei Tropen (PH 1.178 f.) gibt.[16]

Der allgemeinste Tropos im Katalog der zehn Tropen ist nach Sextus der sogenannte Tropos der Relativität (ho tou pros ti) (PH 1.39). Dieser besagt, dass es nichts gibt, was nicht relativ auf ein System von Überzeugungen ist, die ihrerseits nicht durch eine unabhängige Autorität abgesichert werden können. Die zehn Tropen beruhen insgesamt auf der Überlegung, dass die Welt Mensch und Tier (1. Tropos) oder verschiedenen Gruppen von Menschen (2. Tropos) oder aufgrund der Konstellation der Dinge (5. Tropos) jeweils anders erscheint. Die dahinter stehende Überlegung lässt sich folgendermaßen veranschaulichen: Wann immer es bewusste Wesen mit irgendetwas zu tun haben, haben sie es mit etwas Bestimmtem zu tun. *Als* was aber etwas jeweils bestimmt wird, hängt von den »Umständen« (peristaseis) ab, unter denen es rezipiert, d.h. unter denen es beurteilt wird (vgl. etwa M 7.63). Diese Umstände variieren de facto z.B. zwischen Mensch und Tier (1. Tropos) und in verschiedenem Umfang zwischen menschlichen Kulturen und Individuen (2. und 10. Tropos). Indem alles Seiende nur im Medium unserer Überzeugungen und Vorstellungen verfügbar ist, auf die es immer schon relativ ist, sobald wir es erfassen, steht der Zugang zum Seienden unter der Auflage, dass die Vollzugsbedingungen von Vorstellungen erfüllt sind. Dies lässt sich aber nicht sicherstellen, ohne bereits die Erfüllung der Vollzugsbedingungen in Anspruch zu nehmen, worin der Zirkel des Repräsentationalismus besteht.

Ganz allgemein sollen die Tropen zeigen, dass es nicht nur de facto unmöglich ist, eine absolute Einigkeit darüber zu erzielen, was wirklich der Fall ist, sondern dass es prinzipiell unmöglich ist, zu einer Erkenntnis des wahren Seins zu kommen. Dieses ist in seinem An-sich notwendig hinter den Erscheinungen verborgen (adêlon), was Sextus mithilfe der Dekonstruktion des Repräsentationalismus vorführt. Aus dieser Dekonstruktion darf man freilich nicht schließen, dass er selbst die dogmatische Überzeugung verficht, es gebe keine Außenwelt. Dennoch ist er ein Außenweltskeptiker. Er entwickelt Argumente für und gegen die Annahme einer Außenwelt und zeigt, dass beide gleichermaßen überzeugend sind, da sie jeweils von einem bestimmten theoretischen Standpunkt aus entworfen werden. Zwischen den theoretischen Standpunkten herrscht ein Gleichgewicht der Argumente, eine sogenannte Isosthenie (isosthêneia tôn logôn). Der Versuch, zwischen verschiedenen theoretischen Standpunkten auszuwählen, löst die Argumentation der fünf Tropen aus. Diese stellen gemeinsam ein *argumentum ex dissensu*, also ein Argument auf der Basis eines Widerstreits dogmatischer Positionen auf. Dabei leitet der erste Tropos das Argument ein, die mittleren drei begründen ein Trilemma, und der letzte bildet jeweils den Schlussstein. Die fünf Tropen sind im Einzelnen (und in eine systematische Reihenfolge gebracht):

1. der Tropos der Meinungsverschiedenheit (ho ek diaphoras tropos)
2. der Tropos der Diallele (ho diallêlos tropos)
3. der Tropos des in(de)finiten Regresses (ho eis apeiron ekballon)
4. der Tropos der grundlosen Behauptung (ho hypothetikos tropos)
5. der Tropos der Relativität (ho tou pros ti tropos)

Der erste Tropos ergibt sich, sobald zwei dogmatische Positionen miteinander in Konflikt geraten. In unserem Fall hätten wir es etwa mit einem Widerstreit zwischen einem Idealisten (oder Solipsisten bzw. Nihilisten), der bestreitet, dass es eine Außenwelt gibt, und einem Realisten, der umgekehrt behauptet, dass es eine Außenwelt gibt, zu tun. Angenommen nun, der Realist wollte den Idealisten von seiner Position überzeugen, so könnte er zugunsten seiner Position nicht anführen, dass aus ihr glücklicherweise die Realität der Außenwelt folge, da der Idealist diese bestreitet; ebenso wenig wie er behaupten könnte, dass die Gründe für seine Position stärker seien (sofern der Idealist diese kennt). Denn in beiden Fällen beriefe er sich entweder auf dasjenige, was aus seiner Position folgt, oder auf dasjenige, woraus seine Position folgt. Da der Idealist die Position allerdings nicht für überzeugend hält, wird er weder ihre Voraussetzungen noch ihre Folgen für berechtigt halten, so dass der Realist in beiden Fällen in einen begründungstheoretischen Zirkel geriete (2. Tropos). Wenn dieser umgekehrt in der Reihe der Begründungen seiner Position immer weiter zurückginge, so setzte sich der Widerstreit immer nur fort, da der Idealist die Gründe, die für den Realismus sprechen, stets bestreiten wird (3. Tropos). Schließlich wird der Realist grundlos auf seiner Position beharren, nämlich dann, wenn sich »der Spaten zurückbiegt«, wie Wittgenstein sagen wird (PU, § 217), wenn er also auf einen Grund gekommen ist, der sich selbst nicht mehr begründen lässt (4. Tropos). Die letzten Gründe für dogmatische Positionen sind ihrerseits letztlich immer grundlos. Begründeten sie sich selbst, so läge eine Diallele (2. Tropos) vor, die zumindest auf den ersten Blick von Übel wäre.

Aus dieser begründungstheoretischen Situation schließt der pyrrhonische Skeptiker, dass die dogmatischen Positionen im Kontext von Theorien geäußert werden, die gegen ihre Opponenten nicht letztbegründend verteidigt werden können (5. Tropos). Alle bestimmten dogmatischen Positionen sind demnach theorieabhängig, wobei das theoretische Bezugssystem seinerseits nicht deshalb akzeptiert worden ist, weil man ein weiteres Bezugssystem zugrunde gelegt hätte, welches das Bezugssystem erster Stufe begründet hätte. Dieser Zug würde ohnehin nicht helfen, da sich sofort die Frage stellt, wie denn nun das Bezugssystem zweiter Stufe begründet werden könnte. Die Bezugssysteme, d.h. Theorien und Standpunkte, relativ auf welche die Dinge als so und so bestimmt werden, werden nicht ihrerseits relativ auf Bezugssysteme bestimmt. Sie sind einfach grundlos so, wie sie sind, und lassen sich nicht rechtfertigen. Eine Rechtfertigung eines Bezugssystems erzeugte nämlich jederzeit ein höherstufiges Bezugssystem, dessen justifikatorischer Status erneut infrage stünde.

Sextus behauptet demnach weder, dass es eine Außenwelt gibt, noch bestreitet er dies. Und genau darin besteht das Spezifische seiner Außenweltskepsis. Er enthält sich in der Frage, ob es eine Außenwelt gibt, des Urteils, da die theoretischen Parameter, die eine Entscheidung herbeiführen könnten, ihrerseits erhebliche Begründungslasten mit sich bringen, von denen Sextus mithilfe der Tropen zu zeigen beabsichtigt, dass diese nicht eingelöst werden können. Ob diese Absicht im Einzelnen gelingt, sei dahingestellt. Entscheidend ist, dass Sextus ein Außenweltproblem kennt und dieses sogar gegenüber dem kyrenaischen Solipsismus noch verschärft. Die Differenz zwischen Sein und Schein gerät endgültig ins Wanken, da sie als dogmatische Behauptung nicht mehr aufrechterhalten werden kann. Wie sollte man noch eine Differenz oder Nicht-Differenz zwischen Sein und Schein behaupten, ohne damit ein erneutes *argumentum ex dissensu* anzustoßen? Genau dies möchte Sextus vermeiden.

Sextus selbst vertritt mit seiner Dekonstruktion des Repräsentationalismus folglich keine philosophische Theorie, weil er in propria persona keine Position vertritt und vertreten kann, ohne damit Wahrheitsansprüche zu erheben, die er nicht einlösen könnte. In einem ersten Schritt mag es zwar so scheinen, als ob Sextus einen Erkenntnisgewinn darin sieht, die Isosthenie in einer gegebenen dialektischen Situation ersichtlich zu machen. In einem zweiten Schritt relativiert er dann aber auch die Isosthenie, die er nicht als Ergebnis einer konsistenten dogmatischen Argumentation ausgibt. Dies bedeutet, dass er mit der bloß scheinbaren Verpflichtung auf eine gegebene Isosthenie genau besehen eine Pseudo-Behauptung aufstellt, die sich selbst relativiert. Denn ob eine Isosthenie in einer gegebenen Situation wirklich vorliegt, könnte nur durch Argumente entschieden werden, so dass sich letztlich nicht einmal behaupten lässt, eine Isosthenie liege überhaupt vor.

Die skepsisanfällige Differenz von Sein und Schein wird mithilfe des Prinzips der Aparallaxie und der Tropen gegen die Wahrheitskriterien sowohl der Stoiker als auch der akademischen Skepsis eingesetzt, ohne dass Sextus damit selbst eine ontologische Behauptung aufstellt. Die Differenz von Sein und Schein wird entkräftet und nur mehr dazu eingesetzt, den Dogmatismus mit seinen eigenen Mitteln auszuhebeln. Auf diese Weise wird der Logos, der in der Tradition der klassischen Metaphysik bemüht wurde, um die Differenz zwischen dem Erscheinenden und dem Nichterscheinenden zu überbrücken, endgültig gegen sich selbst gewendet.[17]

Dass die Welt an sich potenziell von der Welt unterschieden ist, die wir vorstellen – was allererst den Zweifel an einer bestimmten Vorstellung zulässt –, ist ein *Objektivitätskontrast*, ohne den es für vorstellende Wesen überhaupt keine Möglichkeit gäbe anzunehmen, dass sie es mit einer Welt zu tun haben, die in ihren Vorstellungen vorgestellt wird. Der Objektivitätskontrast ist eine realistische Plattitüde, die unserer Fallibilität theoretisch Rechnung trägt. Dieser Objektivitätskontrast von Gewissheit und Wahrheit, Vorstellung und Welt, Sein und Schein wird von Sextus instrumentalisiert, um dem dogmatischen Denken den Boden zu entziehen, nicht aber, um eine philosophisch gehaltvolle Behauptung über die Unerkennbarkeit der notwendig anzunehmenden Außenwelt zu treffen.

In diesem Zusammenhang führt Sextus wider Erwarten ein eigenes pyrrhonisches Wahrheitskriterium, nämlich die Erscheinungen (ta phainomena) ein, die eine Orientierung im Leben bieten sollen, ohne deshalb kognitiv relevant, wahrscheinlich oder auch nur minimal glaubwürdig zu sein (PH 1.21-24). Die Phänomene der Skepsis sind keine Erscheinungen im Sinne von Vorstellungen, die zwischen unseren Wissensansprüchen und der Welt an sich vermitteln. Sie werden von Sextus vielmehr als Grundlagen des Handelns, d.h. als praktische Richtlinien angesehen. Genau genommen sind sie nichts weiter als die »Gepflogenheiten und Bräuche« (nomoi kai ethê) (PH 1.23 f.) der Gemeinschaft, der wir zufällig angehören bzw. der wir angehören wollen. Die Phänomene sind demnach »lebensdienlich« (biôphelê) (M 1.270, 274, 277 f.; 6.16, 21, 24 u.ö.) bzw. mit Nietzsche: lebensdienliche Lügen im außermoralischen Sinne.[18] Zieht der Skeptiker sich auf die Phänomene zurück, so behauptet er damit nicht, einen Weg zur Wahrheit im Sinne des wahren Seins gefunden zu haben. Das wahre Sein, dem die (griechische) Metaphysik auf der Spur ist (und damit der klassische Begriff der ontologischen Wahrheit), werden vollständig zugunsten eines rein pragmatischen Wahrheitsverständnisses aufgelöst. Wahr ist, was dienlich ist, da nur das Dienliche ein (stets vorläufiges) Handlungskriterium abgibt. Doch diese Position, die ihrerseits Gefahr läuft, dogmatisch zu werden, zeigt die entscheidende Schwäche der pyrrhonischen Skepsis auf, wie wir in den folgenden drei Abschnitten sehen werden.

5. Sextus Empiricus: Urbane oder rustikale Skepsis?

In einer einflussreichen Diskussion ist die Frage aufgeworfen worden, ob die pyrrhonische Skepsis bei Sextus urban oder rustikal sei.[19] Diese Unterscheidung geht auf den griechischen Arzt und Anatom Galen von Pergamon (ca. 129-199 n. Chr.) zurück, der sich u.a. mit den philosophischen Grundlagen der Medizin beschäftigt hat. In seiner Schrift *Über die Verschiedenheit der Pulse* (*De differentia pulsuum*) schreibt er mit Bezug auf die Skeptiker über einige Aporetiker: »Sie würden vielleicht nicht einmal wagen zu behaupten, dass ihnen irgendeine Bewegung *erscheint*, wenn man den Aporetikern alles abnimmt. Von jenen sagen nämlich einige, die man zu Recht ›wilde [rustikale] Pyrrhoneer‹ nennt, dass sie nicht einmal ihre eigenen Eindrücke sicher erkennen.« (De diff. puls. VIII 710 f.)

Die rustikalen Pyrrhoneer sind demzufolge deshalb rustikal, d.h. gewissermaßen wild und radikal, weil sie nicht einmal behaupten zu erkennen, dass ihnen irgendetwas so und so zu sein *scheint.* Nicht einmal der Schein, geschweige denn das Sein, kann ihnen zufolge festgestellt werden, so dass sie sogar die solipsistische These zurückweisen, immerhin die eigenen Eindrücke seien erkennbar, wenn auch nicht dasjenige, was sie verursacht. Den rustikalen Pyrrhoneern setzt Galen die »maßvolleren« (ebd.), urbanen Skeptiker entgegen, die immerhin meinen, »daß wir den Phänomenen, die wir durch Sinneserfahrung erhalten, vertrauen müssen« (De diff. puls. XIV, 628). Die urbanen Skeptiker halten sich also immerhin an den Schein, d.h. die Art und Weise, in der uns die Dinge erscheinen. Sie stützen sich auf die Phänomene, die *phainomena*, also auf dasjenige, was sich uns (etwa in der Sinneserfahrung) zeigt. Für die medizinische Praxis bedeutet dies, dass sich die urbanen Skeptiker an die Symptome und die Erfahrung mit gelingenden Behandlungen halten, ohne deshalb zu glauben, sie kennten das Wesen einer Krankheit. Dagegen urteilen die rustikalen Skeptiker noch vorsichtiger und sind bei jeder gelingenden Heilung nach bewährten Verfahren gewissermaßen überrascht, dass die Heilung sich eingestellt hat – eine Position, die kein besonders gutes Arzt-Patienten-Verhältnis ermöglichen dürfte.

Nimmt man die pyrrhonische Skepsis, die Sextus in seinen Schriften skizziert, genauer unter die Lupe, so findet man Äußerungen, von denen einige für eine urbane, andere hingegen für eine rustikale Lesart sprechen. Für eine urbane, also gemäßigte Skepsis spricht insbesondere das elfte Kapitel des ersten Buchs des *Grundrisses der pyrrhonischen Skepsis* (PH 1.21-24), wo es um das Kriterium der Skepsis geht. Nachdem sich Sextus der akademischen Dekonstruktion des Wahrheitskriteriums angeschlossen hat, muss er sich gegen den Einwand verteidigen, die Verabschiedung eines jeglichen Wahrheitskriteriums mache uns letztlich handlungsunfähig (das sogenannte *Apraxie-Argument*). Denn wenn wir uns dafür entscheiden, eine gegebene Situation auf ihr Handlungspotenzial hin in einer bestimmten Weise zu deuten, so investieren wir immer schon Kriterien, die wir durch (Lebens-)Erfahrung erworben haben und die uns helfen, die Situation einzuschätzen. Wenn wir nun infolge einer Dekonstruktion der Wahrheit nicht mehr imstande wären, Handlungskriterien mit dem minimalen Wahrheitsanspruch auf situationsgebundene Adäquatheit anzuerkennen, so resultierte daraus eine völlige praktische und kognitive Paralyse. Unsere Entscheidungen müssten wir ohne jeden Leitfaden treffen und daher auch ohne die innerliche Beteiligung an der Situation. Doch wir sind bereits innerlich beteiligt, wenn wir eine bestimmte Situation als eine Sachlage bestimmen, in der etwas der Fall ist, das sich in wahren Sätzen beschreiben lässt. Schon die Bestimmung einer Sachlage würde den rustikalen Skeptiker indes lebensuntauglich machen. Um diese Paralyse zu vermeiden, führt Sextus den Begriff der Phänomene als Handlungskriterien der Skeptiker ein. Nach Sextus' einflussreicher Charakterisierung ist das Handlungskriterium der pyrrhonischen Skepsis vierfältig: »Indem wir uns an die Phänomene halten, leben wir ohne dogmatische Überzeugungen nach den normalen Regeln des Lebens, da wir unmöglich ganz und gar untätig sein können. Die normalen Regeln des Lebens scheinen vierfältig zu sein und einerseits bestehen sie in der Führung durch die Natur, sodann in der Notwendigkeit der Affekte, in der Überlieferung von Gesetzen und Bräuchen und schließlich in der Unterweisung in den Künsten.« (PH 1.12)

Die Phänomene weisen uns den Weg durch das Leben in derselben Weise, wie uns die Natur (instinktiv) anleitet, indem wir hungrig nach Speise greifen und versuchen, Schmerz zu vermeiden, bzw. angenehme Zustände anstreben. Indem wir durch Erziehung und Sozialisation in die Bräuche der Gemeinschaft hineinwachsen, der wir kontingenterweise angehören, und uns so faktisch gegebenen Lebensformen anschließen, halten wir uns an die Phänomene. Denn genaueres Hinsehen (nichts anderes heißt ja Skepsis) lehrt, dass die Selbstverständlichkeiten des Alltags nicht so selbstverständlich sind, wie sie uns in dem Moment erscheinen, in dem wir uns ihnen hingeben.

Die Differenz der Lebensformen war Sextus und der gesamten Antike natürlich alles andere als unbekannt. Daher ist es auch kein Zufall, dass der ethische Skeptizismus seit der antiken Entdeckung der Ethnographie in der Form einer ethnographischen Relativierung der Werte weit verbreitet war.[20] Sextus selbst wird in seiner Schrift *Gegen die Ethiker* nicht müde zu betonen, dass es keine kosmo- bzw. ontologisch garantierte Wertordnung gebe, sondern lediglich diverse Lebensformen, zwischen denen wir nicht vorurteilslos wählen können. Denn selbst, wenn wir zu wählen versuchten, wäre die Wahl durch unsere Zugehörigkeit zu einer bestimmten Gemeinschaft bestimmt. Wenn sich z.B. ein (christlich aufgewachsener) Yuppie aus San Francisco dafür entscheidet, Hindu zu werden, dann ist sein Bild des Hinduismus von seiner eigenen christlichen Gemeinschaft geprägt, da er nicht als Hindu aufgewachsen ist. Als Mitglieder kontingenter Gemeinschaften pflegen wir deren Lebensformen, ohne diese eigens gewählt zu haben. Die Möglichkeit der Wahl kommt sozusagen immer zu spät. Auch der Übertritt in eine andere Lebensform macht Gebrauch von den existenziellen Möglichkeiten der Lebensform, der wir zufällig angehören.

Ohne uns jemals in die neutrale Position versetzen zu können, die entscheidet, welche Lebensform letztlich die wahre ist, sind wir dennoch imstande zu agieren. Selbst der Skeptiker akzeptiert dies, wenn er auch stets so zu handeln vorgibt, als ob er sich der völligen Kontingenz seiner eigenen Position versichert hätte. Ob eine Partizipation am Leben der Gemeinschaft im Modus des Als-Ob überhaupt möglich ist, ist eine andere Frage, die uns im nächsten Abschnitt beschäftigen soll. Die zitierte Passage spricht allerdings dafür, dass Sextus und damit die pyrrhonische Skepsis, wie er sie versteht, die Phänomene als Handlungskriterien anerkennt und damit einen ontologisch depotenzierten Wahrheitsbegriff einführt.

An einigen anderen Stellen erklärt Sextus, dass die menschlichen Sprachen nicht auf absolute Wahrheit, sondern auf das »Lebensdienliche« (to biôpheles) (M 1.270, 274, 277 f.; 6.16, 21, 24 u.ö.) ausgerichtet seien. Deshalb lehnt er jede leere Rhetorik und die Orientierung an klassischen Stilidealen ab. Es gelte vielmehr, so zu sprechen, wie man es gewohnt sei, weil eine bewusste Reform der Sprache vom falschen Ideal der Wahrheit der Sprache geleitet sein könne. Ebenso wenig wie die römische Lebensform ontologisch gesehen besser sei als die indische, sei die klassische Literatursprache der Griechen den lebendigen Dialekten überlegen. »Offensichtlich ist bei beinahe allem, was dem Leben dienlich ist, der hinreichende Maßstab der, daß nichts der Realisierung des Nutzens entgegensteht.« (M 1.193) Demnach spricht nicht derjenige richtig, der sich an die Regeln einer vermeintlich archetypischen Idealgrammatik hält, sondern vielmehr derjenige, der in Konformität mit den Regeln der Gemeinschaft spricht, der er angehört oder anzugehören sucht:

> »Da wir also offenkundig sagen, daß derjenige am besten Thrakisch spricht, der sich so unterhält, wie es den Thrakern gemeinsame Gewohnheit [synêthes] ist, und derjenige am schönsten Latein spricht, der sich so unterhält, wie es den Römern Gewohnheit ist, so wird folgen, daß auch derjenige ordentlich Griechisch spricht, der sich so unterhält, wie es den Griechen Gewohnheit ist, wenn wir der gemeinsamen Gewohnheit [synêtheia] und keinem künstlichen System folgen. Indem wir also der gemeinsamen Gewohnheit und nicht der Analogie folgen, werden wir gutes Griechisch sprechen.« (M 1.218)

Der korrekte Sprachgebrauch ist Sextus zufolge also offenbar derjenige der etablierten Gemeinschaft, der man jeweils zufällig angehört, wie bereits der Ausdruck ›synêtheia‹ bzw. ›synêthes‹ (wörtlich: gemeinsame Gewohneit) im Zitat bezeugt. Der Maßstab des alltäglichen Sprachgebrauchs, d.h. dasjenige, was ihn ausmacht, ist das êthos, d.h. die gewachsene Lebensform, gleichsam der Charakter der Gemeinschaft, der man angehört (das êthos der Thraker, Römer, Griechen usw.). Die lebendige Sprache, die man zufällig spricht, ist in ihrem Gebrauch und ihrer überlieferten Form anzuerkennen, da es keine Idealsprache geben kann. Und selbst wenn es sie gäbe, könnten wir nicht dogmatisch feststellen, wie sie auszusehen hätte, da wir uns auf die Idealsprache einigen müssten, was aufgrund der Tropen wiederum nicht möglich ist. Wir können, mit anderen Worten, keine idealen Regeln der Sprache und des Zusammenlebens aufstellen, ohne eine bestimmte und d.h. bestreitbare Position zu beziehen, weil wir keinen archimedischen Standpunkt außerhalb unserer Lebensformen beziehen können. Wenn wir nicht handlungsunfähig werden wollen, müssen wir uns Sextus zufolge an die überlieferten Gesetze und Bräuche der Gemeinschaft halten. Dies wirft freilich die Frage auf, wie wir dann noch kritikfähig sein sollen. Diese Frage werden wir im nächsten Abschnitt behandeln.

Insgesamt zeigen die zitierten Stellen eine Tendenz der pyrrhonischen Skepsis zur urbanen, gemäßigten Skepsis. Dies bedeutet jedoch nicht, dass sie nicht umfassend bzw. global in dem Sinne ist, dass sie alle Wissensansprüche hinterfragt. Denn die Phänomene als Handlungskriterium sind keine Inhalte eines besonderen Wissens oder gar einer Wissenschaft der Phänomene. Daher gibt es bei Sextus auch keine Phänomenologie, auch wenn Edmund Husserl später terminologische Anleihen bei der antiken Skepsis gemacht hat.[21] Man kann urbaner Skeptiker sein, sich also an die Phänomene halten, ohne Wissensansprüche zu erheben. Man handelt einfach ohne philosophische Reflexion, indem man so lebt, wie alle nicht philosophisch ›infizierten‹ Mitglieder der Gemeinschaft leben.

Allerdings gibt es bei Sextus auch deutliche Anzeichen für eine rustikale Skepsis. Denn Sextus lässt nicht einfach die Gesamtheit der alltäglichen – theoretisch oftmals wenig anspruchsvollen – Überzeugungen der Gemeinschaft gelten. So glauben wir gemeinhin, dass sich einiges bewegt, dass es Zeit gibt, dass sich Körper in Raum und Zeit befinden; einige glauben, dass es Gott oder Götter gibt, dass diese oder jene Handlung gut sei usw. Genau diese Überzeugungen attackiert Sextus. So finden sich etwa in seiner Schrift *Gegen die Naturphilosophen* eine Reihe kanonischer Argumente, die zeigen sollen, dass Begriffe wie »Bewegung« (PH 3.63; M 10.37-168), »Zeit« (PH 3.136-150; M 10.169-247), »Raum/Ort« (PH 3.119-135, M 10.6-36) oder »Körper« (M 9.359-440) nicht definierbar sind bzw. dass wir sie schlecht definiert haben, weshalb sie uns in Paradoxien und Antinomien verstricken. Und obwohl Sextus vorgibt, sich an den öffentlichen religiösen Staatsglauben zu halten und ihn somit als Phänomen anzuerkennen, argumentiert er gegen jegliche Form der philosophischen Theologie, indem er zu zeigen versucht, dass es entweder keine Götter gibt oder dass wir zumindest nicht entscheiden können, ob es sie gibt oder nicht (M 9.13-194).

Im Zentrum der Frage, ob die pyrrhonische Skepsis urban oder rustikal ist, steht der Begriff des Phänomens. Wenn wir uns an die Phänomene halten, so scheinen diese die Funktion eines Handlungskriteriums zu übernehmen mit dem gewichtigen Unterschied, dass wir den Phänomenen mit blinder Gewissheit folgen und sie nicht als allgemein verbindliche Wahrheit verstehen. Eine urbane Lesart der pyrrhonischen Skepsis vermeidet das Apraxie-Argument und macht aus der pyrrhonischen Skepsis eine Art Proto-Pragmatismus: An die Stelle des klassischen ontologischen Wahrheitsbegriffs tritt der Begriff des lebensdienlichen

Phänomens. Wahrheit wird somit als Lebensdienlichkeit und nicht als eine kognitive Relation zwischen Gedanke (Satz, Bewusstsein, Geist, Sprache usw.) und Welt (Tatsache, Ding, Seiendes usw.) verstanden. Die skeptische Rehabilitierung des Scheins geschieht im Dienste des Lebens. Dafür spricht u.a. die ständige Berufung auf das Leben (bios), das Sextus der Philosophie deutlich entgegensetzt. Die Phänomene werden im Unterschied zu den Dogmata als dasjenige verstanden, welches wir selbstverständlich und ohne Meinungsstreit hinnehmen: »Denn die Phänomene erscheinen allen auf die gleiche Weise.« (PH 3.254; vgl. M 1.36)

In genauer Entgegensetzung zur urbanen, gleichsam liberalen skeptischen Einstellung zu den Phänomenen ergibt sich allerdings unmittelbar das Problem, dass Sextus begrifflich zwischen den Phänomenen, die allen gleich erscheinen, und dem Verborgenen (den adêla) unterscheidet, womit er ein phänomenologisches Dogma aufzustellen scheint. Doch Sextus wendet die skeptische Tropenlehre auch auf dieses vermeintliche phänomenologische Dogma an und erklärt konsequenterweise, »daß sowohl über alle Phänomene als auch über alles Verborgene ein Meinungsstreit herrscht« (PH 1.185). Diese Aussage spricht ebenso eindeutig für eine rustikale Lesart, wie der Phänomenbegriff auf den ersten Blick für eine urbane Lesart zu sprechen scheint.

Bei Sextus finden sich also zwei widersprechende Phänomenbegriffe, was die Konsistenz des Phänomenbegriffs gefährdet. Damit bleibt Sextus dem Charakter der pyrrhonischen Skepsis aber gerade treu. Denn diese behauptet schließlich, dass »jeder Behauptung [logos] eine gleich starke Behauptung entgegensetzt ist« (PH 1.202-205) (Isosthenie-Prinzip). Nun ist auch dieser Behauptung, d.h. der Behauptung des Isosthenie-Prinzips, der Voraussetzung gemäß eine gleich starke Behauptung entgegengesetzt, nämlich die Totalität aller dogmatischen Behauptungen, so dass sich das Prinzip mitsamt seinem Gegenteil selbst aufhebt.

Diese Eigenschaft der Selbstaufhebung (des synanaireisthai bzw. symperigraphesthai) bildet eine jener Angeln der pyrrhonischen Skepsis, um die sich alles dreht.[22] Und sie gilt auch und vor allem für den Phänomenbegriff und damit für die Frage, ob die pyrrhonische Skepsis urban oder rustikal ist. Die ›korrekte‹ Antwort auf diese Frage ist ein klares Weder-Noch. Wäre sie eindeutig urban oder eindeutig rustikal, so widerspräche dies ihrem performativen Ansatz, durch skeptische Operationen alles Dogmatisieren ad absurdum zu führen. Sextus beschreibt solche Operationen mit seinem *Gleichnis vom Abführmittel.* So wie ein Abführmittel mit all demjenigen, was es aus dem Körper entfernen soll, ausgeschieden wird, hebe sich die skeptische Therapie unseres philosophischen Strebens nach absoluter Wahrheit jedesmal mit auf, sobald es ihr gelungen sei, den von der Philosophie infizierten Patienten davon zu überzeugen, nicht zu wissen, was er zu wissen glaubte:

> »Bei allen skeptischen Schlagwörtern muß man nämlich dies vorab erfassen, daß wir darüber, ob sie wahr sind, überhaupt nichts Gewisses behaupten, wie wir auch sagen, daß sie sich selbst durch sich selbst aufheben können, indem sie sich gemeinsam mit demjenigen aufheben, worüber sie sprechen, wie die Abführmittel [ta kathartika] nicht allein die Säfte des Körpers, sondern auch sich selbst gemeinsam mit den Säften austreiben.« (PH 1.206)

Der Phänomenbegriff ist folglich bewusst ambivalent konstruiert: Auf der einen Seite dienen die Phänomene, d.h. die alltäglichen Selbstverständlichkeiten als Handlungskriterien, solange sie nicht philosophisch fundiert werden. Auf der anderen Seite kann diese Behauptung nicht konsistent aufgestellt werden, da sie uns auf eine Phänomenologie, d.h. einen konsistenten Phänomenbegriff, verpflichtete, was aber mit dem skeptischen Anliegen, uns von der Theorie zugunsten einer theoretisch unbelasteten Praxis der Gemeinschaft zu befreien, unvereinbar ist.

Das Dilemma von urbaner und rustikaler Skepsis erzeugt also genau besehen eine skeptische Isosthenie: Die Skepsis ist weder das eine noch das andere, weil sie eben keine identifizierbare Position, sondern eine Form therapeutischer Performanz ist. Es kommt nicht darauf an, was der Skeptiker behauptet, sondern darauf, was er mit seinen Behauptungen tut. Sextus erklärt selbst (und zwar erst am Ende seines *Grundrisses der pyrrhonischen Skepsis*!), dass er aufgrund seiner Philanthropie beabsichtigt habe, »mit dem Logos zu heilen« (iasthai logôi) (PH 3.280). Seine Behauptungen entsprechen folglich keiner kognitiven Norm der Wahrheit. Er stellt nicht einfach fest, dass wir nichts wissen können oder dass aller Dogmatismus in die Aporie der Isosthenie gerät. Sein performatives Verfahren ist vielmehr durch und durch rhetorisch, d.h., es bezweckt Überredung und nicht Überzeugung. Ansonsten orientierte es sich seinerseits an einer absoluten Norm der Wahrheit, was aber inkompatibel mit seinem Anliegen wäre. Man muss diesen performativen Aspekt im Blick behalten, wenn man verstehen will, inwiefern die Skepsis ein therapeutisches Projekt verfolgt und daher in die Tradition der Soteriologie, d.h. jener Heilslehren gehört, die dem Menschen eine gelingende Lebensform jenseits der quälenden Fragen der Philosophie in Aussicht stellen. Die antike Skepsis kann man entsprechend in der Optik von Michel Foucaults späten Analysen der *Technologien des Selbst* lesen, die von den Forschungen Pierre Hadots zur antiken Philosophie beeinflusst sind, welche die Philosophie von der Antike her grundsätzlich als Lebensform verstehen.[23]

Der Zug zur Lebensform gilt umso mehr für die performativen Elemente der pyrrhonischen Skepsis, die sich nicht von ungefähr von Pyrrhon herschreibt, der nicht etwa als Theoretiker, sondern als performativer Antiphilosoph in die Geschichte der

Philosophie eingegangen ist. Während die akademische Skepsis sich in die Tradition der platonischen Desavouierung des Scheins der Wahrnehmungswelt stellt, ist die pyrrhonische Skepsis radikal antiplatonisch: An die Stelle der Theorie tritt das Leben, das Sextus freilich als Leben der Gemeinschaft, d.h. als reflexionslos gelebte Alltäglichkeit, verstanden wissen will. Dessen Beschreibung kann er allerdings nicht in der Form einer Phänomenologie der Alltäglichkeit (wie sie sich etwa in Heideggers *Sein und Zeit* findet) vortragen, denn dann wäre er auf eine konsistente Theorie angewiesen, was das therapeutische Ziel nur einmal mehr verschieben würde. Die Therapie gelingt nicht dadurch, dass sie den Patienten von der (objektiven) Wahrheit überzeugt. Sie gelingt nur, indem der Patient (subjektiv) überredet werden kann, dass seine theoretische Einstellung ihm nicht die Freiheit bzw. das Vergnügen verschafft, das sie ihm in Aussicht stellt. Ein Wandel unserer theoretischen Einstellung zum Leben kann nicht theoretisch motiviert werden.

Um den therapeutischen Effekt rhetorisch zu erzielen, konstruiert Sextus ein komplexes System selbstreferenzieller Argumente, das er selbst mit der berühmten Leiter vergleicht, auf der man hinaufsteigt, um sie schließlich hinter sich umzustoßen (M 7.481). Die Skepsis wendet sich auf sich selbst an, weil sie nicht als theoretisches Projekt gedeutet werden will, das die Reflexion auf die Spitze treibt. Es gilt vielmehr, einen therapeutisch motivierten Abbruch in die Theorie einzuführen und diese performativ so aufzubauen, dass sie selbst zum Moment einer Isosthenie, zum ›meros tês diaphônias‹ wird, wie Sextus dies nennt. Die Skepsis ist selbst Moment eines Widerstreits, nämlich des Widerstreits zwischen Dogmatismus und Skeptizismus, worin sie aber keinen Schaden, sondern eine paradoxe Bestätigung ihrer selbst sieht. Sie erzeugt eine indefinite Folge von Paradoxien und Antinomien, mit denen sie den dogmatischen Systemen immer wieder entgegentritt, ohne deswegen eine Art Super-Argument an der Hand zu haben, das den Dogmatismus mit einem Schlag erledigen würde. Ansonsten schlüge sie in einen negativen Dogmatismus um, der behauptet, (endgültig) zu wissen, dass wir nichts (Endgültiges) wissen können.

Dieser selbstreferenziellen Struktur der pyrrhonischen Skepsis muss man Rechnung tragen, um das Dilemma von urbaner und rustikaler Skepsis richtig einschätzen zu können. Es handelt sich dabei nämlich nicht um zwei unvereinbare Lesarten einer konsistenten Position, sondern um zwei Aspekte einer selbstreferenziellen Antinomie, die davon zeugt, dass der Pyrrhonismus viel eher eine paradoxieanfällige performative Form als eine Theorie ist, die sich an der Norm einer absoluten Wahrheit orientiert.

6. Das skeptische Heilsversprechen – die pyrrhonische Skepsis als Lebensform

Die Philosophie der hellenistischen Epoche trägt wie bereits die klassische griechische Philosophie stark individualethische Züge. Von den Vorsokratikern bis Aristoteles werden die großen metaphysischen Fragen der klassischen griechischen Philosophie vor dem Hintergrund der alles entscheidenden Frage diskutiert, was als ein gelingendes Leben des Individuums gelten kann.[24] Auf den ersten Blick scheint die Skepsis kaum mit der hellenistischen Sorge um sich vereinbar zu sein, geht es ihr doch primär scheinbar um das Erkenntnisproblem. Und inwiefern sollte die Einsicht in die Aporien des mentalen Repräsentationalismus einen Beitrag zum Seelenheil leisten? Mehr noch argumentiert Sextus in seiner umfangreichen Schrift *Gegen die Ethiker* dafür, dass wir das Gute, das Schlechte und dasjenige, was weder gut noch schlecht ist (die sogenannten adiaphora), nicht begrifflich spezifizieren können, ohne in einen Widerstreit zu geraten. In der ethischen Bestimmung des guten Lebens überschreiten wir die Grenzen der gelebten Alltäglichkeit und versuchen Regeln zu formulieren, die Erfolgsbedingungen der gelebten Alltäglichkeit festlegen. Dieses Unterfangen führt aber zu dem philosophischen Problem, welche Regeln dies sein sollen, wo doch bereits der Begriff des Guten im Sinne des obersten Guten (des später sogenannten summum bonum) unter den philosophischen Schulen umstritten ist. Platon etwa vertritt eine ontologische Theorie des Guten, der zufolge das Gute als die Idee des Guten alles Seiende in einen teleologischen Gesamtzusammenhang stellt. Die Kyrenaiker und alle anderen hedonistischen sokratischen Schulen behaupten hingegen, das Gute liege jeweils in dem, was wir für das Gute halten. Es gebe folglich kein an sich seiendes Gutes bzw. selbst wenn es etwas von der Art eines ontologisch Guten gäbe, könnten wir es ebenso wenig wie alles andere Seiende unabhängig davon erkennen, dass wir es auf unsere Interessen beziehen. Besonders groß ist diese interne Spannung im Aristotelismus. Dieser befördert einerseits die (schon platonische) These, dass das gelingende Leben stets jenes der (philosophischen) Theorie sei, während er andererseits darauf aufmerksam macht, dass der Mensch nur als Gemeinschaftswesen (zôon politikon) Sprache hat: Das Signum der Menschlichkeit schlechthin, der Logos, ist für Aristoteles insofern partiell in der menschlichen Praxis begründet, von der auch die Theorie sich nicht endgültig lossagen kann, obwohl das wahre Gute in einer Theorie gesucht wird, die sich von der Praxis emanzipiert. Was das Gute an sich ist, bleibt angesichts dieser Kontroverse in den Augen der pyrrhonischen Skeptiker jenseits unserer unmittelbaren Reichweite, so dass es an sich zum Unbekannten, zu den adêla gehört (vgl. PH 3.168-187; M 11.1-167).

Sextus zeigt überdies, dass wir keine »Lebenstechnik« (hê peri ton bion technê) (PH 3.188-258; M 11.168-257) entwickeln können, die universell gültig ist, da wir das Gute nicht unabhängig von unseren jeweils durch unsere (kontingente) Zugehörigkeit zu einer Gemeinschaft geprägten Interessen bestimmen können. Einmal mehr gilt, dass der Skeptiker uns keinen Leitfaden des Guten an die Hand geben kann, sondern allenfalls die nur paradox behauptbare Quasi-Position beziehen kann, dass wir die Grenzen der natürlich gewachsenen Gemeinschaft und der gelebten Alltäglichkeit nicht überschreiten können, ohne mit der Aporie der Unentscheidbarkeit konfrontiert zu werden. Das Gute lässt sich ebenso wenig außerhalb von Lebensformen antreffen, wie es sprachliche Bedeutung außerhalb einer arbiträren Grammatik gibt. Jeder Versuch, die natürlichen (und nicht begrifflichen) Grenzen des Lebens zu überschreiten, führt in einen ultimativen Verlust von Sinn und Bedeutung, wie der Skeptiker einzuschärfen sucht.

Genau auf diese Weise reiht sich die pyrrhonische Skepsis in das hellenistische Programm ein, dem Individuum zum Heil bzw. zum glücklichen Leben zu verhelfen, obwohl sie unmöglich ein klar definiertes praktisches Programm anbieten kann. Und dennoch offerieren auch die Skeptiker ein Heilsversprechen, das sie freilich nur negativ bestimmen (genau genommen müsste man sagen, dass sie ihr Heilsversprechen nicht als eine begrifflich angebbare Position – und sei es negativ – *bestimmen*; sie *zeigen* vielmehr eine Einstellung an, die sich nur performativ vollziehen lässt). Glücklich wird dabei allein derjenige, der die Suche nach dem Guten an sich ohne Gründe aufgibt. Denn nur so kann es gelingen, sich von der Mühsal der Erkenntnis des Guten, die stets in einen Widerstreit führt, zu entlasten.

Darüber hinaus wäre die Erkenntnis des Guten auch für die Dauerhaftigkeit unseres Glücks problematisch. Denn wie derjenige, der ein bestimmtes Gut (etwa Reichtum oder Ruhm) besitzt, dauernd fürchten muss, dieses zu verlieren, so läuft auch derjenige, der sich im Besitz des ethisch Guten im Sinne des obersten Gutes wähnt, ständig Gefahr, aufgrund seines bedrohten Glücks unglücklich zu sein. Insofern empfiehlt sich die skeptische Verabschiedung der Suche nach dem Guten als eine kluge Einstellung zu dem, was man bereits besitzt, indem man sich bewusst macht, es jederzeit verlieren zu können, und darin trotz allem keinen Verlust sieht, da man ohnehin nicht weiß, was ein wahrer Gewinn und was ein wahrer Verlust wäre.

Sextus unterscheidet gleich zu Beginn des *Grundrisses* zwischen den skeptischen Schulen (haireseis), die eine Lehre anbieten, und der skeptischen Tätigkeit (skeptikê agôgê) (PH 1.7). Letztere versteht er als eine »Fähigkeit« (dynamis), genauer als die »Fähigkeit, einen Widerstreit hervorzubringen« (dynamis antithetikê) (PH 1.11). Diese Fähigkeit muss dabei als eine *kontextsensitive Performanz* aufgefasst werden. Wäre es nämlich möglich, ein Super-Argument zu entwickeln, aus dem logisch folgt, dass wir die Grenzen gelebter Alltäglichkeit nicht überschreiten können, ohne uns in einen Widerstreit zu verwickeln, so hätte man eben dadurch gegen die Auflage verstoßen, den Dogmatismus zu vermeiden. Denn ein solches Super-Argument wäre dogmatisch und setzte wiederum einiges voraus, das nur in einem bestimmten begrifflichen Rahmen gilt. Ein Super-Argument, das die Unmöglichkeit eines archimedischen Standpunktes darlegt, schränkt sich überdies selbst ein, da es gemäß seiner Voraussetzung nur relativ auf ein Bezugssystem gilt. Alles Behaupten findet also in einem bestimmten Rahmen statt und ist kontextsensitiv: Was eine Behauptung, eine Aussage bedeutet, und was es heißt, sie zu verifizieren, hängt vom Kontext ihrer Äußerung ab. Dies gilt auch für die Behauptung über das Behaupten.

Die skeptische Fähigkeit ist situations- und adressatenbezogen, d.h., sie ist eine kontextsensitive Performanz, eine rhetorische

Kunst, die nicht die Absicht hat, die Wahrheit zu entdecken, sondern ihren Adressaten vom Willen zur Wahrheit zu therapieren. Nur auf diese Weise lässt sich Philosophie als Therapie und als Lebensform zugleich verstehen. Die Therapie von Überzeugungen hat nämlich nicht die Form der modernen medizinischen Pille, d.h. die Form des ›one size fits all‹: Sie muss vielmehr den Ursprung der Überzeugungen aus dem Willen zur absoluten Wahrheit unterminieren, indem die Unsinnigkeit eines solchen Willens gezeigt wird, ohne diesen dadurch zu nähren, dass ein perfektes Argument in Aussicht gestellt wird. Die pyrrhonische Skepsis will keine Gedankenakrobatik sein, sondern eine Lebensform vorführen, die in die gelebte Alltäglichkeit einstimmt und sich gegen jede Form ihrer Transzendierung wendet. Genau darin sieht sie das Glück des Menschen, was sie zwar unter Vorbehalt auch aussagen kann, ohne aber behaupten zu dürfen, damit das einzig wahre Heilsversprechen anzubieten.

Der Pyrrhoneer übt folglich seinen Dienst an der Gemeinschaft in der Weise, dass er sich den Individuen zuwendet, welche eine gewisse Tendenz haben, die Grenzen der Gemeinschaft zu sprengen. Nimmt man den kulturellen Kontext hinzu, der für Sextus offenkundig bindend ist, so sieht man leicht, was er mit dieser Wendung des skeptischen Heilsversprechens bezweckt. Indirekt legitimiert Sextus nämlich die »Vaterlandssitten« (ta patria ethê), indem er zeigt, dass es keinen Sinn hat, einen archimedischen Standpunkt jenseits dieser Sitten zu beziehen. Auf diese Weise wird der Skeptiker zum konservativen Kulturkritiker. Alle Versuche, die überlieferten Vaterlandssitten durch eine theoretisch begründete Lebensform zu ersetzen, hält er für vergeblich.

Sextus nimmt insbesondere auf die römische Sittlichkeit Bezug. Die ursprüngliche Philosophiefeindlichkeit Roms, die er akzeptiert und zu einer Lebensform gestaltet, kommt besonders deutlich in Catos Reaktion auf die Athener Philosophengesandtschaft zum Ausdruck, die 155/156 v. Chr. nach Rom kam, um eine Strafbefreiung für Athen zu erwirken (vgl. dazu Cicero, Lucullus, 137 ff.; Plutarch, Cato Maior XXII). Unter den Gesandten befand sich auch der akademische Skeptiker Karneades, der am ersten Tag eine Rede darüber hielt, dass die Gerechtigkeit die Grundlage des römischen Gemeinwesens sei. Diese These wurde von römischer Seite natürlich sehr begrüßt. Umso mehr wunderte man sich, als derselbe Denker am folgenden Tag umgekehrt argumentierte, Ungerechtigkeit sei die Grundlage eines mächtigen Gemeinwesens, was sich gut an der römischen Außen- und Innenpolitik erkennen lasse. Als Karneades daraufhin wutentbrannt zur Rede gestellt wurde, behauptete er, er habe durch seine Reden lediglich das Isosthenie-Prinzip demonstrieren wollen, was nichts mit einem bestimmtem politischen Programm zu tun habe.

Plutarch berichtet, Cato habe Karneades' charismatischen und provozierenden Auftritt in Rom zum Anlass genommen, die Philosophie als solche aus dem Staat zu verbannen. Denn sie habe für Cato zur Folge, dass die Jugend »den Ruhm der Rede mehr schätze als den Ruhm, der aus Taten und Feldzügen entspringt«. Darüber hinaus habe Cato der »hellenischen Muse und Bildung« die zersetzende Kraft attestiert, »das Vaterland zu beherrschen und die Sitten [ta ethê] aufzulösen, da sie Überzeugungen hervorbringe, die den Bräuchen [tois nomois] entgegengesetzt seien und die Bürger zum Aufstand anregen« (Plutarch, Cato Maior XXII).

An Catos Rede lässt sich leicht ablesen, inwiefern Sextus sich ganz römisch gebärdet, wenn er seine Skepsis so konstruiert, dass diese (im Unterschied zur akademischen Skepsis!) mit den Bräuchen und Gesetzen Roms vereinbar ist. Diese politische Dimension des pyrrhonischen Heilsversprechens darf nicht unterschlagen werden, denn sie ist ein integraler Bestandteil der Abgrenzung von der Akademie. Akademische und pyrrhonische Skepsis verhalten sich somit in Sextus' Augen (und vor allem in den Augen seiner Klientel) zueinander wie Athen und Rom. Die pyrrhonische Skepsis treibt ihre Anhänger in die Arme der alltäglich gelebten Rituale, ohne transzendente Heilsversprechen anzubieten, und empfiehlt sich damit der römischen Sittlichkeit. Sie begibt sich erst gar nicht in die metaphysische Opposition zur Praxis, sondern versucht diese durch eine Dekonstruktion der Theorie als unhintergehbar zu erweisen.

Als der Verfall der Traditionen in Rom unübersehbar wurde, holte man sich trotz der ursprünglichen Ablehnung der Philosophengesandtschaft eine Reihe hellenistischer Schulen nach Rom, die die Vaterlandssitten festigen sollten. Unter den historischen Bedingungen der Kaiserzeit gehört es deshalb zu den Spielregeln der hellenistischen Philosophenschulen, ihre Funktion gegenüber der Tradition der Vaterlandssitten auszuweisen. Diese realhistorische Konstellation darf man nicht außer Acht lassen, wenn man die pyrrhonische Skepsis diskutiert. Es kann ihr nämlich unter den Bedingungen der Kaiserzeit nicht mehr lediglich um das Seelenheil eines Einzelnen gehen, sofern dieser keinen Beitrag zur Gemeinschaft leistet. Der kaiserzeitliche Pyrrhoniker, den Sextus skizziert, lebt nicht in einer kynischen inneren Isolation und widersetzt sich auch nicht dem Gegebenen, sondern trägt vielmehr Sorge, dass die Lebensform keine dogmatische Richtung nimmt. Er empfiehlt sich als Psychotherapeut und nicht als Psychotheologe (wie die klassischen Metaphysiker), indem er darum bemüht ist, die alltäglichen Rituale der Überzeugung gelten zu lassen und diese nicht durch eine aufklärerische Praxis zu ersetzen.[25]

Die antike Skepsis ist dafür berühmt, eine universale Urteilsenthaltung (*epochê*) zu empfehlen. Die Frage ist allerdings, was genau es mit der *epochê* eigentlich auf sich hat. Das Substantiv

›epochê‹ kommt von dem Verb ›epechô‹, d.h. ›ich halte (mich) zurück‹. Die skeptische epochê wird von Sextus ausdrücklich der dogmatischen Voreiligkeit (propeteia) entgegengesetzt, die sich ohne genaues Hinsehen, also ohne Skepsis, blindlings in überzogene Wissensansprüche stürzt (vgl. etwa PH 3.280). Am besten lässt sich die epochê als eine Zurückhaltung vor überzogenen Wissensansprüchen auffassen, die es vermeidet, eine endgültige universale Entscheidung zu treffen, bzw. die Geltung aller Urteile einklammert, d.h. unter Vorbehalt setzt. Die epochê ist gerade nicht endgültig und muss vielmehr als ein Vermögen, ein Know-How, verstanden werden, das sich im Vollzug der Isosthenie zu erkennen gibt: Der Skeptiker ist imstande, dogmatische Positionen zu verwirren und durch genaues Hinsehen den dogmatischen Willen zur Wahrheit mithilfe der Tropenlehre zu relativieren.

Das skeptische Heilsversprechen besteht darin, mithilfe der epochê zur Seelenruhe (ataraxia), einer Art »Meeresstille« (PH 1.10; M 11.141) des Gemüts, zu gelangen, das nicht mehr von der Suche nach einer absoluten Wahrheit beunruhigt wird. Allerdings stellen sich sowohl die Ataraxie als auch die epochê eher als zufällige und ungewollte Resultate einer angestrengten dogmatischen Erkenntnissuche ein, was Sextus anhand seines berühmten Gleichnisses vom Maler Apelles illustriert, der sein Ziel in dem Augenblick erreicht, wo er es grundlos aufgibt:

»Was von dem Maler Apelles erzählt wird, dies ist dem Skeptiker auch widerfahren. Man sagt nämlich, daß jener einst ein Pferd malte und den Schaum vor seinem Mund abbilden wollte. Dabei war er so erfolglos, daß er aufgab und den Schwamm, auf dem er die Farbreste seines Pinsels abgestrichen hatte, gegen das Bild schleuderte. Nachdem der Schwamm aber auf das Bild getroffen sei, habe er den gewünschten Effekt des Schaums hervorgerufen. Und so waren auch die Skeptiker einst voller Hoffnung, die Ataraxie zu erlangen, indem sie die Widersprüche zwischen den Erscheinungen und unseren Begriffen auszugleichen suchten. Als sie es nicht erreichten, enthielten sie sich des Urteils. Als sie sich aber des Urteils enthielten, folgte ihnen zufälligerweise [tychikôs] die Ataraxie wie der Schatten dem Körper.« (PH 1.28 f.)

Die epochê ist also das zufällige Resultat des Scheiterns aller Theorie im Versuch, die Anomalien der Erkenntnis endgültig zu beseitigen, was in der Tat die Aufgabe einer jeden gelingenden konstruktiven, d.h. dogmatischen Philosophie ist. Auch der Skeptiker befindet sich zunächst auf der Suche nach philosophischer Erkenntnis, muss sich aber ihr Scheitern in einer misslingenden Erfahrung mit dem Wissen eingestehen, ohne deswegen ein generelles Argument gegen die Möglichkeit philosophischer Erkenntnis aufzustellen. Ein solches Argument wäre nur ein weiterer Beitrag zur Philosophie.

Der Skeptiker folgt also zwei Tendenzen: Einerseits gibt er den Willen zur Wahrheit grundlos auf, womit er sein Ziel erreicht. Andererseits muss er die Erkenntnissuche fortsetzen, da er ansonsten ein globales negativ-dogmatisches Argument formulieren müsste, das die Erkenntnissuche als solche ad absurdum führt. Ein solches Argument steht ihm aber nicht zur Verfügung. Im Unterschied zur Argumentation der akademischen Skepsis, durch die sich eine Wiederholung der performativen Urteilsenthaltung für alle Zukunft erübrigte, stellt sich die epochê nur ein, wenn man immer noch sucht. »Die skeptische Lebensform (agôgê) wird daher auch eine suchende (zêtêtikê) genannt, weil sie in der Tätigkeit des Suchens und Betrachtens besteht.« (PH 1.7)

Die pyrrhonischen Skeptiker sind Sextus zufolge im Unterschied zu allen Dogmatikern also stets diejenigen, »die noch immer suchen« (PH 1.1), worüber er den Leser gleich am Eingang des *Grundrisses* informiert. Die pyrrhonische epochê muss man also mit Sextus selbst als eine Performanz, d.h. als einen wiederholten Vollzug und nicht als einen endgültigen Zustand, deuten.

Wie alle Selbstbeschreibungen des Tuns des Skeptikers muss auch die Einstellung der epochê auf zwei Ebenen thematisiert werden. Auf der ersten Ebene ergibt sie sich in der fortwährenden Konfrontation mit der Isosthenie. Doch nur, wenn der Skeptiker sich auf einer zweiten Ebene auf sich selbst und seine Argumentation richtet, zeigt er, dass auch diese sich nicht letztbegründen lässt, weil sich eine Isosthenie-Situation zweiter Ordnung einstellt. Nur auf dieser zweiten Ebene erweist sich, dass sich die epochê als Konsequenz der Ataraxie nicht im eigentlichen Sinne begründen lässt. Deshalb ist sie grundlos und zufällig. Die beiden Thesen, (1) dass Ataraxie durch eine Erfahrung des Scheiterns motiviert ist und (2) dass sie unbegründet ist, sind den beiden Ebenen zuzuordnen, auf denen der Skeptiker operiert. Auf der ersten Ebene ist die Ataraxie begründet, auf der zweiten Ebene wird ihre Begründung revidiert. Der Skeptiker gibt also ein Heilsversprechen und nimmt es konsequenterweise (durch Selbstanwendung) zugleich zurück. Damit ist das zentrale Problem der skeptischen Lebensform angesprochen. Diese entwirft zwar entgegen dem ersten Anschein ein theoretisch konsistentes Programm, das sich als Theorie in die Therapie aufhebt. Allerdings wirft die Rolle des Skeptikers in der Gemeinschaft Probleme auf, die sich vermutlich nicht lösen lassen. Diese Probleme resultieren aus dem Quietismus.

7. Das Problem des Quietismus

Die pyrrhonische Skepsis stellt ein Glücksrezept in Aussicht. Untersucht man nun die Möglichkeiten seiner Durchführung und Begründung, so reicht es nicht hin, die typische Struktur pyrrhonischer Argumente herauszuarbeiten, wenn man nicht gleichzeitig berücksichtigt, wohin die Argumentation führen soll. Der Pyrrhoniker bietet ein komplexes Rezept, wie man sich für die epochê vorbereiten kann, die sich freilich nur im Zuge angestrengter Erkenntnissuche überhaupt und dann auch nur zufällig einstellt. Die Konstruktion eines Umschlags der Erkenntnissuche in die epochê darf dabei keinerlei Prämissen aufstellen, die auf einen negativen Dogmatismus hinauslaufen. Der Pyrrhoniker steuert also zwischen der Skylla einer unendlichen Beunruhigung durch Erkenntnissuche und der Charybdis eines negativen Dogmatismus hindurch, um auf diese Weise ein eigenes Glücksrezept anbieten zu können, das sich von den dogmatischen Angeboten anderer hellenistischer Schulen erkennbar unterscheidet.

Sextus vergleicht die Ataraxie mit einer »Meeresstille« (PH 1.10; M 11.141), die auf den Sturm der Suche nach einer dogmatisch fixierbaren Wahrheit folgt. Das gesamte Konzept des pyrrhonischen Skeptizismus steuert auf einen *Quietismus* zu, der die Philosophie, wie Wittgenstein an einer berühmten Stelle der *Philosophischen Untersuchungen* schreibt, zur Ruhe bringt: »Die eigentliche Entdeckung ist die, die mich fähig macht, das Philosophieren abzubrechen, wann ich will. – Die die Philosophie zur Ruhe bringt, so daß sie nicht mehr von Fragen gepeitscht wird, die *sie selbst* in Frage stellen.« (PU, § 133)

Quietismus wäre also das Ende der Philosophie mit den Mitteln der Philosophie, eine Philosophie, die sich durch sich selbst therapiert. Doch auf diese Weise steht der Quietismus als therapeutisches Anliegen, dessen Patient der Philosoph ist, sogleich unter dem Verdacht, nur *als* Philosophie und damit nur durch die Fortschreibung der philosophischen Beunruhigung zum Ziel zu gelangen. Denn der Therapeut ist der Philosoph selbst. Die Rolle der philosophischen Argumentation bzw. der Erkenntnissuche des Pyrrhoneers muss also so ausgeübt werden können, dass sie weder in einen negativen Dogmatismus noch in eine unendliche Fortsetzung des theoretischen Missstandes führt.[26]

Der skeptische Rückzug in die gelebte Alltäglichkeit sowie die epochê als wiederholter Vollzug fördern eine Inkonsistenz des skeptischen Heilsversprechens zu Tage. Man kann nicht mit den Mitteln der Philosophie aus der Philosophie aussteigen. Genau dies ist das *Problem des Quietismus.* Ist die Ataraxie nämlich einmal erreicht, führt die vermeintliche Meeresstille des Gemüts nicht dazu, dass wir uns mit der gelebten Alltäglichkeit begnügen könnten. Denn als Skeptiker müssten wir dauernd aus ihr heraustreten, um es mit all denjenigen aufzunehmen, die sich im Namen einer absoluten Wahrheit gegen die gelebte Alltäglichkeit wenden. Die trügerische Ataraxie führt dazu, dass der Skeptiker sich immer wieder in die Geschäfte der Philosophie verstrickt, da er ein kathartisches Reformprogramm anstreben muss, um nicht vom Kurs des Lebens selbst überrumpelt zu werden. Sollte eines Tages die dogmatische Tendenz des Lebens zur Ausbildung einer dogmatischen Autorität führen, die den Glauben an die Götter (oder Gott) nicht bloß als staatsdienlichen Kult ritualisiert, geriete der Skeptiker unmittelbar unter Druck. Er muss sich notgedrungen politisch engagieren, ohne dabei eine dogmatische Agenda aufstellen zu können. Damit gerät er aber auch schon in die missliche Situation, einerseits die Ataraxie zu erlangen, diese aber nur dadurch aufrechterhalten zu können, dass er sich philosophisch engagiert. Hegel hat diese Misslichkeit auf den Punkt gebracht, wenn er schreibt, dass das skeptische Bewusstsein, »diese beiden Gedanken seiner selbst nicht zusammenbringt; es erkennt seine Freiheit einmal als Erhebung über alle Verwirrung und alle Zufälligkeit des Daseins, und bekennt sich ebenso das andremal wieder als ein Zurückfallen in die Unwesentlichkeit und als ein Herumtreiben in ihr. [...] Es spricht die Nichtigkeit der sittlichen Wesenheit aus, und macht sie selbst zu den Mächten seines Handelns.« (TWA 3, 161)

Das Problem des Quietismus, das sich auf dem pyrrhonischen Mittelweg zwischen urbaner und rustikaler Skepsis stellt, ist demnach der blinde Fleck der pyrrhonischen Skepsis, den auch ihre neuzeitlichen und zeitgenössischen Anhänger immer wieder eingestehen müssen. Der pyrrhonische Skeptiker verstrickt sich in eine ambivalente Haltung zur gelebten Alltäglichkeit, deren Anwalt er nur scheinbar ist. Er bietet offenkundig ein potenziell inkonsistentes Heilsversprechen an, indem er einerseits Ataraxie verspricht, diese sich aber nur in der angestrengten und fortwährenden Dekonstruktion des Dogmatismus, d.h. in der Praxis der Therapie, realisieren kann. »Die Gedankenlosigkeit des Skeptizismus über sich selbst muß verschwinden, weil es in der Tat [d.h. in actu] *ein* Bewußtsein ist, welches diese beiden Weisen an ihm hat.« (TWA 3, 162) Das skeptische Bewusstsein kann beide Aspekte seiner selbst, Erkenntnissuche und epochê, nicht zusammenbringen, sein Heilsversprechen ist letztlich inkonsistent.

Diese Inkonsistenz der pyrrhonischen Skepsis als Lebensform ist demnach weder eine rein logische noch eine pragmatische Inkonsistenz. Der Pyrrhoniker stellt weder widersprechende Behauptungen auf (da er gar nichts behauptet), noch handelt er auf eine Weise, die mit seinen Behauptungen unvereinbar wäre (da er eben nichts behauptet). Die Inkonsistenz liegt vielmehr darin, dass er sein Heilsversprechen nicht einlösen kann, ohne gerade dadurch dogmatisch zu werden. Das »skeptische Leben ohne Meinungen«[27] realisiert sich als kathartisches Reformprogramm, das notwendig ohne bestimmte Inhalte auftritt, da diese dogmatische Behauptungen wären. Gleichzeitig steht fest, dass es sich gegen dogmatische Tendenzen verteidigen muss, um sicherzustellen, dass das Leben selbst nicht dogmatisch wird und etwa dogmatische Autoritäten entstehen, welche die gegebene Sittlichkeit zugunsten eines dogmatischen Idealstaats auflösen. Der Pyrrhoneer gelangt auf diese Weise entweder niemals zum Heil oder verpflichtet sich auf einen dogmatischen Idealstaat, der zufällig der gegebene Staat ist, welcher auf der ritualisierten Sittlichkeit aufruht.

Der Skeptiker wendet sich aktiv gegen Reformen und ist doch gleichzeitig darauf angewiesen, das Leben zu reformieren, da es ansonsten einen dogmatischen Weg einschlagen könnte. Ihm steht steht deshalb kein Rückzug auf das blinde Vertrauen in die Natur des Menschen zur Verfügung, wovon David Hume und selbst Ludwig Wittgenstein später Gebrauch machen werden. Alle Annahmen über die Natur wären von vornherein dogmatisch, wozu auch die Annahme gehört, dass die Natur teleologisch verfasst ist und dafür Sorge trägt, dass diejenigen, die naturgemäß leben (etwa im stoischen Sinne), zugleich ein gelingendes Leben führen. Der Skeptiker lebt daher ohne Gewissheit und muss aus diesem Grunde auch auf die Gewissheit verzichten, dass er für immer ohne Gewissheit leben wird. Nur so kann er den negativen Dogmatismus umschiffen.

Mit Hegel gesprochen schwankt der Skeptiker unablässig zwischen »Unwandelbarkeit« und »Zufälligkeit« (TWA 3, 162), indem er einerseits die Ataraxie des reinen Denkens erreicht zu haben vorgibt, andererseits aber nichts behaupten kann und daher immer wieder an die zufälligen Überzeugungen zurückverwiesen wird, die es ihm erlauben, ein sicheres Leben in der Gemeinschaft zu führen. Die scheinbar sichere Position des Skeptikers ist demnach labil, wie er selbst einräumen muss, wenn er dem Leben eine dogmatische Tendenz attestiert, ohne damit freilich eine Theorie des Lebens anzubieten. Die Annahme einer dogmatischen Tendenz des Lebens ist dabei notwendig, weil ansonsten nicht einsichtig wäre, woher die philosophischen Krankheiten überhaupt rühren, die der Skeptiker therapieren möchte. Wie Michael Williams gesagt hat, »basiert der Pyrrhonische Skeptizismus auf einer Ausweitung gewöhnlicher Fragen und nicht darauf, daß er speziell philosophische Fragen stellt«[28].

Der faktische Ursprung der Philosophie in der vermeintlich gesunden gelebten Alltäglichkeit ist demnach unvereinbar mit dem Ziel einer reflektierten Naivität. Die reflektierte Naivität des Skeptikers führt nämlich zu einer kathartischen Reform des Lebens selbst, da dieses in den Disput einbezogen wird. Damit peilt der Skeptiker aber eine Norm des Lebens in der Form eines Lebens ohne dogmatische Tendenzen an, ohne dieses Leben philosophisch rechtfertigen zu können. Das Heilsversprechen des Skeptikers ist demnach nicht lebbar, weil es vom Einzelnen zu viel verlangt, nämlich die Kompetenz eines paradoxen Vollzugs, der unablässig Wache hält, damit das Leben der Gemeinschaft keine dogmatische Tendenz annimmt, ohne irgendwelche Kriterien spezifizieren zu können, die festlegen, was eine dogmatische Tendenz ist und was nicht. Selbst die Grundpfeiler der römischen Sittlichkeit kann der Skeptiker nicht auflisten, ohne damit eine Theorie zu vertreten, mit der er wiederum den Variationen und natürlichen Entwicklungen der Sittlichkeit nicht gerecht würde und diese wohl oder übel in das Prokrustesbett dogmatischer Regeln zwänge. Die Reflexion auf das Problem des Quietismus zeigt also, dass der Quietismus (trotz gegenteiliger Versicherungen) nicht nur ungleich anstrengender ist als die dogmatische Wahrheitssuche, die immerhin hoffen kann, an ein theoretisches Ziel zu gelangen. Er scheitert vielmehr daran, ins Leben eingreifen und somit eine kulturkritische Rolle übernehmen zu müssen, deren Maßstäbe er mangels eines Standpunkts nicht angeben kann.

Mit Hegel gesprochen besteht die Dialektik des Skeptizismus darin, dass er einerseits die Freiheit in einen zu wiederholenden Vollzug setzt, nämlich in den Vollzug der Aufhebung der dogmatischen Gewissheiten einer Welt des Wahren jenseits des Scheins der gelebten Alltäglichkeit; die skeptische Freiheit besteht also darin, im Denken alles Feste zu erschüttern und sich davon zu lösen. Zugleich aber ist dieser zu wiederholende Vollzug andererseits immer wieder auf neue Dogmata angewiesen, die er sich nicht selbst geben kann. Die Aufhebung der Dogmata ist der skeptischen Freiheit genauso wichtig wie die Dogmata selbst. Das Denken muss gleichsam immer wieder selbst dogmatische Behauptungen hervorbringen, um sie hinterher skeptisch negieren zu können. Und darin besteht die zentrale Inkonsistenz des Quietismus. Er bringt grundsätzlich seine beiden einander widerstreitenden Aktivitäten, das Setzen und das Aufheben von Behauptungen, nicht zusammen.

Der Skeptiker vollbringt zwar sein negatives Geschäft in der Auseinandersetzung mit dem Dogmatismus (insbesondere auf dem Gebiet der Erkenntnistheorie), was sich nicht zuletzt daran zeigt, dass der pyrrhonische Skeptizismus in der zeitgenössischen Erkenntnistheorie wiederkehrt und sich als das hartnäckige Problem einer Selbstbegründung der Erkenntnistheorie entpuppt. Dies wird im folgenden Kapitel zu sehen sein. In diesem Zusammenhang kehren die traditionellen Probleme des Wahrheitskriteriums wieder, die in der Gestalt von Agrippas Trilemma diskutiert werden. Und in diesem Kontext kehrt auch das Problem des Quietismus zurück, der im letzten Jahrhundert insbesondere seit und durch Ludwig Wittgenstein erneuert wurde.

II. Moderne Skepsis

1. Die cartesische Skepsis – vom Dämon zum Gehirn im Tank

Die moderne Skepsis nimmt ihren Ausgang von *René Descartes'* (1596-1650) *Meditationen über die Erste Philosophie* im Allgemeinen und der *Ersten Meditation* im Besonderen. Descartes stellt dort in drei Schritten ein berühmtes Gedankenexperiment vor, das von Prinzipien Gebrauch macht, die bereits aus der antiken Skepsis bekannt sind. Er beginnt sein skeptisches Gedankenexperiment mit der Frage, wie wir uns überhaupt sicher sein können, irgendetwas zu wissen, da wir doch ständig die Erfahrung unserer Fallibilität machen. Der Prozess der Bildung, unser Alltagswissen und unsere zunehmende Lebenserfahrung führen uns unablässig unsere Irrtumsanfälligkeit vor Augen. Daraus folgt freilich noch nicht unmittelbar, dass wir befürchten müssten, überhaupt nichts zu wissen. Denn es könnte ja sein, dass wir zwar einige (und vielleicht sogar viele) falsche Überzeugungen haben, dass die Menge dieser falschen Überzeugungen aber harmlos gering ist oder jedenfalls die zentralen Bereiche unseres Lebens nicht berührt. Es könnte etwa sein, dass viele von uns nicht imstande sind, exotische Früchte voneinander zu unterscheiden, oder nicht über die Geschichte Neapels im sechzehnten Jahrhundert Bescheid wissen und dennoch wissen, wie sie heißen, welches ihr Beruf ist, dass sie die Kaffeemaschine beim Verlassen der Wohnung ausgestellt haben, dass Madrid größer als Frankfurt ist usw.

Descartes greift die *Fundamente* des Wissens und nicht einzelne oder eine große Menge von Überzeugungen an, denn Überzeugungen kann man schlecht dadurch auf ihren Wahrheitswert hin durchgehen, dass man sie abzählend prüft.[29] Er sucht nach den Fundamenten des Wissens bzw. des Informationserwerbs, um zu prüfen, ob diese zuverlässig sind. Dabei besinnt er sich in einem ersten Schritt darauf, dass alles dasjenige, was er bisher für wahr gehalten hat, durch die Vermittlung seiner Sinne in seinen Geist gekommen ist (ebd.). Denn alles, was er über die Welt weiß, weiß er nur dadurch, dass er vermittels seiner Sinne mit der Welt verbunden ist. Ohne die fünf Sinne könnte man wohl nichts erkennen (auch nicht durch Lesen oder durch Unterricht) und auch nichts in der Umwelt wahrnehmen. Allerdings sind unsere Sinne fehlbar. Denn es gibt Sinnestäuschungen aller Art. Um dies einzusehen, braucht man nicht auf ungewöhnliche Fälle wie eine Fata Morgana hinzuweisen, sondern es genügt, die Erfahrung zu machen, dass der Mond größer ist, als er uns sinnlich erscheint. Offenkundig ist unsere Welterkenntnis durch Vermittlung der Sinne also fallibel und häufig sogar irreführend. Ist sie aber fallibel, so scheint diese Quelle der Erkenntnis problematisch zu sein, »und es ist ein Gebot der Klugheit, denen niemals ganz zu trauen, die uns auch nur einmal getäuscht haben« (S. 62).

Descartes' Klugheitsregel ist allerdings noch weit davon entfernt, uns in eine gefährliche Form der Skepsis zu verstricken. Denn selbst wenn einige unserer durch Vermittlung der Sinne gewonnenen Überzeugungen über die Welt falsch sein mögen, so sind doch viele dieser Vorstellungen gewiss völlig in Ordnung, »so z.B. daß ich jetzt hier bin, daß ich, mit meinem Winterrock angetan, am Kamin sitze, daß ich dieses Papier mit den Händen betaste und ähnliches; vollends daß diese Hände selbst, daß überhaupt mein ganzer Körper da ist, wie könnte man mir das abstreiten?« (S. 62)

Um diese Überzeugungen zu unterminieren, bedarf es folglich eines weiteren, zweiten Schritts, nämlich des berühmten *cartesischen Traumarguments*. Genau wie Platon im *Theaitetos* weist Descartes darauf hin, dass wir »niemals durch sichere Kennzeichen« (S. 62) imstande sein werden, Wachen von Träumen zu unterscheiden, während wir glauben zu wachen, da unser phänomenaler Zustand, d.h. der Informationsstand, zu dem wir hier und jetzt Zugriff haben, genau so erscheinen könnte, wie er uns erscheint, selbst wenn es nichts von all dem gäbe, was uns da zu sein scheint.[30] Wenn wir träumen, dass wir einen Körper haben, so folgt daraus nicht, dass wir den Körper haben, den wir zu haben träumen und von dem wir träumen, dass er sich an dem Ort befindet, an dem wir glauben, ihn zu sehen. Um diese Möglichkeit auszuräumen, reicht es nicht hin, sich darauf zu berufen, dass wir für gewöhnlich sehr wohl imstande sind, Wachen und Träumen voneinander zu unterscheiden. Es geschieht uns äußerst selten, dass wir buchstäblich nicht wissen, ob wir wachen oder träumen. Es könnte aber sein, dass unsere Träume so realistisch sind, dass wir sie für das Wachen halten, während wir eigentlich genau dann wachen, wenn wir zu träumen glauben. Wir könnten uns grundsätzlich darin irren, welche Kennzeichen Wachen und Träumen voneinander unterscheiden. Außerdem ist es möglich, dass wir die Reflexion auf die Kennzeichen selbst nur träumen, so dass unsere alltägliche, empirisch vertraute Unterscheidung von Wachen und Träumen nichts gegen das Traumargument ausrichtet.

Allerdings erschüttert das Traumargument nicht alle sichere Erkenntnis, worauf Descartes gleich anschließend aufmerksam macht. Denn mathematische und andere wissenschaftliche Wahrheiten hängen nicht davon ab, ob wir sie träumen oder nicht. Wenn wir im Traum denken, dass 10 x 10 = 100 ist, so ist dieser Gedanke nicht dadurch falsch, dass wir ihn lediglich träumen –

wohingegen der Gedanke, dass ich einen Abgrund hinunterstürze, glücklicherweise falsch ist, wenn ich ihn träume. Also bedarf es noch eines weiteren Schritts, um einen alles erschütternden Skeptizismus zu inszenieren, den Descartes endgültig zu widerlegen unternimmt.

Dieser dritte Schritt ist das *Genius-malignus-Argument*. Dieses Argument führt einen bösen Geist (einen genius malignus) ein, der die Welt so eingerichtet haben könnte, dass er all unsere Gedanken manipuliert. Er gibt uns nicht nur traumartige Vorstellungen ein, die wir für eine Außenwelt halten, sondern flüstert uns unwiderstehlich ein, dass 10 x 10 = 100 ist oder dass die Strecke zwischen Erde und Mond kürzer ist als die Strecke zwischen Mond und Sonne:

> »Woher weiß ich aber, ob er nicht bewirkt hat, daß es überhaupt keine Erde, keinen Himmel, kein ausgedehntes Ding, keine Gestalt, keine Größe, keinen Ort gibt und daß dennoch dies alles genau so, wie es mir jetzt vorkommt, bloß da zu sein scheint; ja sogar auch, so ich überzeugt bin, daß andere sich bisweilen in dem irren, was sie vollkommen zu wissen meinen, ebenso könnte auch ich mich täuschen, sooft ich 2 und 3 addiere oder die Seiten des Quadrats zähle, oder was man sich noch leichteres denken mag.« (S. 64)

Die Möglichkeit einer trügerischen Welt, die von einem bösen Dämon hervorgebracht worden ist, der uns allesamt täuscht, ist zu allem Überfluss nicht lediglich eine absurde Hypothese Descartes' oder eine kosmische Verschwörungstheorie einiger Wahnsinniger, mit denen Descartes nicht verwechselt werden will (S. 61). Sie ist in der Tat von einigen Gnostikern, d.h. einer einflussreichen jüdisch-christlichen Bewegung der ersten nachchristlichen Jahrhunderte, erwogen und zu einem kosmischen Drama ausgestaltet worden. Dass ein Gott ein böses Spiel mit dem Menschen treibt, indem er ihm traumartige Vorstellungen eingibt, die jener für die Wirklichkeit hält, ist ein weitverbreitetes Szenario in vermutlich allen Religionen. Die Annahme, dass uns die Götter täuschen, liegt schon der griechischen Tragödie und dem Epos zugrunde, so dass in Descartes' Beispiel sowohl theologische Untertöne mitschwingen als auch ein Hinweis darauf, dass die tragische Dimension der Skepsis niemals gänzlich verschwindet.

Die cartesische Skepsis schreitet also in drei Schritten voran. Erstens werden wir an die Fallibilität unserer Sinne erinnert. Zweitens wird diese darauf zurückgeführt, dass wir der Wahrnehmung als Quelle des Wissens insgesamt nicht vertrauen können (Traumargument). Und schließlich wird gezeigt, dass mathematische Wahrheiten und andere nicht durch Wahrnehmung erworbene Kenntnisse mithilfe des Genius-malignus-Arguments infrage gestellt werden können.

Descartes kommt es in seinen *Meditationen* vor allem darauf an, den bloß methodisch inszenierten Zweifel zu entkräften. Doch seine eigene antiskeptische Strategie hat vermutlich in der einfachen Form, in der er sie vorträgt, niemanden überzeugen können. Aus dem unzweifelhaft gewissen Gedanken, dass ich existieren muss, um den Zweifel in drei Schritten zu vollziehen (das berühmte *cogito ergo sum*, woran auch der Dämon nicht rütteln kann, der mir lediglich beliebige Inhalte meines Denkvollzugs eingeben könnte), versucht Descartes die Gewissheit abzuleiten, dass es einen guten Gott gibt, der sicherstellt, dass wir nicht der Spielball böser Mächte sind. Eine solche theologische Lösung des Problems der cartesischen Skepsis wird heute wohl niemand akzeptieren oder erneuern wollen. Außerdem scheint es zunächst abwegig, die Gewissheit der Existenz einer Außenwelt sowie die Wahrheitsfähigkeit mathematischer Operationen auf einen egologischen Gottesbeweis gründen zu wollen. Dieser baut bei Descartes auf der fragwürdigen These auf, dass die Vorstellung eines unendlichen Wesens nur von einem unendlichen Wesen in uns hervorgebracht worden sein kann. Auch der Schluss, dass dieses Wesen so wohlwollend sein muss, um den genius malignus unmöglich zu machen, erscheint uns heute fragwürdig. Wie gut oder schlecht auch immer die Erfolgsaussichten einer theologischen antiskeptischen Strategie insgesamt sein mögen, der Rückgriff auf die (philosophische) Theologie als Rettungsanker gegen die cartesische Skepsis dürfte heute wohl kaum einem Erkenntnistheoretiker einleuchten.

Dennoch bleibt der von Descartes aufgeworfene Zweifel so provokant und aktuell wie eh und je. Denn er erinnert uns daran, dass die Welt im Ganzen anders sein könnte, als sie uns zu sein scheint, und dass dieses Andersseinkönnen die Möglichkeit beinhaltet, dass wir tatsächlich nichts von dem wissen bzw. wissen können, was wir zu wissen meinen. Durch Filme wie die *Matrix*-Trilogie, durch die Dramen Shakespeares und durch unseren Umgang mit der Kunst überhaupt sind wir darauf vorbereitet, dass die Welt anders sein könnte, als sie uns erscheint. Lebten wir in einer Welt, in der es nur unsere reinen immateriellen Geister und einen bösen Dämon gäbe, der uns eine Welt vorgaukelt, wo keine ist, so brächte die cartesische Einsicht, dass wir dann immerhin noch als denkende Wesen existierten, keinen großen Trost mit sich. Und auch die Annahme, ein gütiger Gott trage Sorge dafür, dass wir uns im Ganzen nicht täuschen, ist (sogar theologisch) fragwürdig. Warum sollte es keinen Teufel geben, welcher der Herr der Welt und der Feind der Menschen ist und versucht, uns von unserem Heil abzubringen? Diese Figur eines Feindes des Menschen, der uns zu betrügen bestrebt ist, ist jedenfalls aus dem Neuen Testament hinlänglich bekannt, wo der Teufel gar versucht, Jesus zu täuschen. Es scheint also wenig aussichtsreich, eine antiskeptische Strategie auf theologische Fundamente zu stellen.

Weil sein Erkenntnisproblem letztlich ungelöst geblieben ist, befindet sich die Erkenntnistheorie seit Descartes auf der Suche nach einer erfolgreichen antiskeptischen Strategie, die nicht auf eine theologische Begründung angewiesen ist. Denn theologische Fragen sind wohl noch heftiger umstritten als erkenntnistheoretische, so dass man bloß vom erkenntnistheoretischen Regen in die theologische Traufe geriete. Und dies führt, zumal wenn es um eine anscheinend simple Frage wie diejenige geht, ob wir wissen können, was wir wissen, bzw. ob wir wissen können, dass wir überhaupt etwas wissen, nicht weiter.

Eines der berühmtesten zeitgenössischen antiskeptischen Argumente stammt von dem amerikanischen Philosophen *Hilary Putnam* (geb. 1926). Es findet sich im ersten Kapitel seines Buches *Wahrheit, Vernunft und Geschichte.*[31] In diesem Kapitel präsentiert Putnam sein berühmtes skeptisches Szenario der »Gehirne im Tank«, das die Macher der *Matrix* (die Brüder Andy und Larry Wachowski) zu ihrer Grundidee angeregt hat. Putnam entwickelt aber nicht nur die Hypothese, dass wir lediglich Gehirne in einem Tank sein könnten, denen ihre Vorstellungsbilder mittels sensorischer Impulse durch Maschinen eingegeben werden. Er bietet in erster Linie ein Argument dafür an, dass es unmöglich ist, dass wir Gehirne im Tank sind. Wenn Putnam recht hätte, wäre die Welt der Matrix also unmöglich, genauer gesagt, wäre sie *begrifflich* unmöglich, obwohl sie *physikalisch* möglich zu sein scheint.[32]

Putnam versucht zu zeigen, dass die Vorstellung, wir könnten Gehirne im Tank sein, uns deshalb beunruhigt, weil der Siegeszug des neuzeitlichen mathematischen Entwurfs der Welt und insbesondere die daraus abgeleitete positivistische Idee der Physik als zukünftige Einheitswissenschaft uns vergessen lässt, in welcher Sprache und von welchem Standpunkt aus skeptische Szenarien entworfen werden (S. 33). Skeptische Szenarien wie das Traumargument, das Genius-malignus-Argument sowie das Gehirne-im-Tank-Szenario abstrahieren Putnam zufolge davon, dass sie in einer Sprache formuliert werden, deren Ausdrücke etwas bedeuten. Wenn wir uns fragen, ob wir Gehirne im Tank sind, dann gebrauchen wir dabei u.a. den Ausdruck ›Gehirne im Tank‹, der sich auf Gehirne im Tank beziehen soll. Schließlich können wir uns nur fragen, ob wir Gehirne im Tank sind, wenn wir imstande sind, den Ausdruck ›Gehirne im Tank‹ so zu verwenden, dass er in Behauptungen firmiert, die wahr oder falsch sein können. Die Frage, ob wir Gehirne im Tank sind, erheischt eine Antwort, die in einer Behauptung ausgedrückt wird, die entweder lautete, dass wir Gehirne im Tank sind oder dass wir keine Gehirne im Tank sind.

Angenommen nun, wir wären Gehirne im Tank. In diesem Falle hätten wir Vorstellungsbilder, etwa das Bild einer Welt, in der es nur Maschinen und Gehirne gibt, wie auch immer diese Welt zustande gekommen sein mag. Dieses Vorstellungsbild, in dem Gehirne im Tank vorkommen, würde uns gemäß der Hypothese (wie alle Vorstellungsbilder) mittels elektronischer Impulse von den Maschinen eingegeben. Unser Ausdruck ›Gehirne im Tank‹ könnte sich daher nur auf Gehirne im Tank *im Vorstellungsbild* (»in the image«, wie Putnam sagt) beziehen. Wir hätten nämlich keine andere Informationsquelle als unsere Vorstellungsbilder. Daher könnte sich unser Ausdruck ›Gehirne im Tank‹ auch nur auf Gehirne im Tank im Vorstellungsbild beziehen, weshalb die Bedeutung von ›Gehirne im Tank‹ in der Sprache eingetankter Gehirne *Gehirne im Tank im Vorstellungsbild* ist. Wenn Gehirne im Tank den Ausdruck ›Gehirne im Tank‹ verwenden, so drücken sie damit den Begriff *Gehirne im Tank im Vorstellungsbild*, aber keineswegs den Begriff *Gehirne im Tank* aus. Nun sind aber Gehirne im Tank im Vorstellungsbild ebenso wenig Gehirne im Tank, wie Tische im Vorstellungsbild Tische sind. Wir können uns nicht an vorgestellte Tische setzen und ein frugales Abendmahl zelebrieren; Bäume im Vorstellungsbild wachsen nicht wirklich, und Großstädte im Vorstellungsbild sind nicht wirklich von Menschenmassen bevölkert. Wenn wir demnach keine anderen semantischen Ressourcen als diejenigen einer Sprache im Tank hätten, die sich nur auf Gegenstände im Vorstellungsbild beziehen kann, dann könnten wir uns nicht auf Gehirne im Tank beziehen, sondern nur auf Gehirne im Tank im Vorstellungsbild. Folglich, so schließt Putnam, sind wir keine Gehirne im Tank, da unser Ausdruck ›Gehirne im Tank‹ sich nicht auf Gehirne im Tank im Vorstellungsbild, sondern auf Gehirne im Tank bezieht.

Überdies bezöge sich auch die positive Antwort auf die Frage, ob wir Gehirne im Tank sind, gar nicht auf diejenigen Gehirne im Tank, von denen in der Frage die Rede ist, sondern auf etwas anderes, nämlich auf Gehirne im Tank im Vorstellungsbild. Folglich könnte es keine positive Antwort auf die Frage geben, ob wir Gehirne im Tank sind, ohne dass der zentrale Ausdruck der Frage seine Bedeutung verlöre. So weit die Kurzfassung von Putnams heftig umstrittenem Beweis, dessen genaue logische Form intensiv diskutiert worden ist.[33]

Putnam stellt sich natürlich die Frage, warum niemandem dieser einfache Beweis eingefallen ist. Stimmte er, so hätte er bisher kaum berücksichtigte ikonoklastische Konsequenzen. Denn man könnte den Nachweis antreten, dass die alten metaphysischen Fragen, ob das Leben nur ein Traum ist, ob die Welt nicht doch ganz anders ist, als sie uns erscheint, weil ein böser gnostischer Dämon (oder Schopenhauers Weltwille, Nietzsches Wille zur Macht, die kapitalistische Ideologie, die transzendentale Subjektivität usw.) sie hinter unserem Rücken erzeugt, lediglich semantische Verwirrungen sind, d.h. Verwirrungen, die durch ein falsches Verständnis von Bedeutung entstanden sind. Putnam selbst scheint sich dieser Konsequenz nicht bewusst zu sein, und dennoch hebelt sein Argument weite Teile der philosophischen Tradition aus. Leibniz etwa entwirft in seiner *Monadologie* eine Theorie, der zufolge es nur Monaden gibt, d.h. immaterielle einfache Entitäten, denen Gott ihre Vorstellungsbilder eingibt und die nicht imstande sind, direkt miteinander zu kommunizieren. Ein solches Szenario ist eine barocke Version der Gehirne im Tank und ließe sich mit Putnams semantischem Argument widerlegen.

Nun ist zunächst auffällig, dass Putnam ein technomorphes Szenario (Gehirne im Tank) entwirft und damit eine moderne Zivilisationsangst als Ausgangspunkt wählt. Seine eigene kulturhistorische These, dass sich solche (letztlich semantisch verworrenen) Szenarien dem Siegeszug der neuzeitlichen Physik verdanken, übersieht freilich völlig, dass die alten tragischen Szenarien, die sich in der europäischen Geistesgeschichte im Epos und in der Tragödie manifestieren, denselben Verdacht äußern, den Putnams absurdes Szenario auf Distanz hält. Während niemand ernsthaft befürchtet, ein Gehirn im Tank zu sein, gehört es zum Kanon der religiösen Vorstellungen, dass diese Welt nur ein Traum, ein Schein ist, hinter dem sich eine andere, wirkliche Welt verbirgt, zu der wir durchdringen müssen, um unser Seelenheil zu erlangen.

Putnam setzt demnach ein wissenschaftliches Weltbild voraus und versucht gewissermaßen, es von seinen theologischen Mucken zu befreien. Denn was sind Putnams böser Wissenschaftler, der die Maschinen entwickelt, und die Maschinen selbst anderes als ein gnostisches Pandämonium, das hinter dem Rücken der modernen Subjekte eine Welt erzeugt, die nicht existiert? Nicht zufällig steht Descartes' genius malignus in der Tradition theologischer Spekulationen, deren erkenntnistheoretische Konsequenzen Descartes explizit macht.[34] An die Stelle des theologischen Absolutismus – ein Weltbild, in dem Gott die Regie führt – tritt bei Putnam die moderne Zivilisationsangst, die Furcht vor der Technik. Könnte nicht letztlich die technologisch realisierte Physik die Regie im Weltdrama übernehmen?

Bevor wir weitere Voraussetzungen und Überlegungen Putnams ins Spiel bringen, sei an dieser Stelle bereits vor den Konsequenzen gewarnt, die sein Argument haben könnte, wenn wir uns genötigt sähen, es vorbehaltlos zu akzeptieren. Angenommen, wir kennten Putnams Beweis schon und wüssten demnach, dass wir keine Gehirne im Tank sein können, da wir ansonsten nicht einmal die Frage formulieren könnten, ob wir Gehirne im Tank sind. Dann wüssten wir auch, dass das Leben kein Traum ist, dass viele religiöse Auffassungen falsch oder zumindest völlig unbegründet wären, und insbesondere auch (und hierin liegt ein schwerwiegendes Problem für Putnam), dass es keinen Grund geben könnte, unser Weltbild aufgrund eines Generalverdachts einer gründlichen Revision zu unterziehen! Denn jeder Generalverdacht gegen ein Weltbild unterstellt diesem, eine falsche Sprache zu sprechen. Wer etwa glaubt, dass Gestirnsgötter und nicht etwa physikalische Kräfte die 55 Gestirne im Umkreis der Erde in Gang halten, spricht unserem Weltbild zufolge eine falsche Sprache, da in seiner Sprache ›Gestirn‹ nicht *Gestirn*, sondern etwa *von einer göttlichen Seele bewegter Himmelskörper* bedeutet.

Die skeptischen Szenarien, die in der modernen Erkenntnistheorie entwickelt werden, sind insgesamt harmlos und werden nicht wirklich ernsthaft eingeführt. Die Erkenntnistheorie geht überwiegend davon aus, dass die Welt so ist, wie es das wissenschaftliche Weltbild suggeriert. Doch dürfen wir nicht vergessen, dass dieses Weltbild selbst als eine Gegenreaktion auf den theologischen Absolutismus entstand.[35] Es beruht selbst auf einem Generalverdacht gegen den theologischen Absolutismus und gegen die klassische Metaphysik sowie gegen die stets auch tragisch gefärbte existenzielle Reflexion. Es entfernt sich von seinen geschichtlichen Ursprüngen und geriert sich, als ob jede Alternative von vornherein genauso absurd wäre wie die Befürchtung, wir könnten Gehirne im Tank sein. Allerdings wäre die Gründungsgeste des wissenschaftlichen Weltbilds, der Generalverdacht gegen Gott und die Götter als Lenker dieser Welt, ohne die Formulierung eines skeptischen Szenarios seinerseits nicht möglich gewesen. Denn das wissenschaftliche Weltbild hätte vor seinem Siegeszug der von Mythen und Göttern bestimmten Menschheit ebenso absurd erscheinen müssen wie die Möglichkeit, dass wir Gehirne im Tank sind. Die wissenschaftliche Revolution der Neuzeit war demnach selbst nur unter der Bedingung des Generalverdachts möglich, dass die Welt ganz anders sein könnte, als sie uns erscheint.

Was bedeutet diese kulturhistorische Überlegung nun für Putnams Beweis und seine Rekonstruktion? Sie sollte uns jedenfalls unmittelbar einen Generalverdacht gegen den Beweis selbst nahelegen, da seine Konsequenzen zu weitgehend ikonoklastisch sind. Darüber hinaus ist es auffällig, dass Putnam den kulturhistorischen Rahmen seines eigenen Beweises nur unzureichend zum Thema macht, indem er lediglich darauf hinweist, dass er das wissenschaftliche Weltbild immerhin insofern einschränken wolle, als er der Semantik einen Rang im Kanon der Wissenschaften sichern will. Damit kommen wir zu Putnam selbst zurück.

Putnams Aufsatz beginnt mit einer Zurückweisung dessen, was er »magische Theorien der Bezugnahme« (S. 17) nennt. Er richtet sich gegen die Auffassung, mentale Repräsentationen könnten als solche intentional sein, d.h. sich auch unabhängig vom Vorliegen eines ontologischen Korrelats auf etwas überhaupt beziehen. Nähme man an, dass es intentionale mentale Repräsentationen gäbe, dann stattete man jede Art von Bildern mit der Macht aus, sich auf etwas überhaupt zu beziehen, selbst wenn der Kontext, in dem die Bilder entstanden sind, dies intuitiv ausschließt. Nehmen wir etwa an, wir beobachteten, wie eine Horde von Ameisen etwas in den Sand zeichnet, das aussieht wie eine Karikatur von Winston Churchill, oder dass ein Affe wild auf einer Schreibmaschine tippt, wobei ein Manuskript von Goethes *Faust* herauskommt. In diesen Fällen wären wir kaum geneigt anzunehmen, die Ameisen hätten wirklich eine Karikatur von Winston Churchill gezeichnet oder der Affe beherrsche den *Faust* auswendig und schreibe ihn aus dem Gedächtnis nieder. Wir würden eher einen ungeheuren Zufall annehmen, als zu glauben, die Ameisen oder der Affe versuchten, uns etwas mitzuteilen. Wenn unsere Ausdrücke, d.h. die Begriffe unserer Sprache, so beschaffen wären, dass sie als mentale Repräsentationen auf etwas überhaupt Bezug nehmen könnten (völlig unabhängig davon, ob es irgendetwas von all dem wirklich gibt, wovon wir einen Begriff haben), dann käme dies dem Ameisen-Wunder gleich. Denn wir hätten ohne jeglichen kausalen Kontakt zu demjenigen, worauf wir Bezug zu nehmen meinen, einen Begriff der Sache selbst, eine Beziehung zwischen Begriff und Gegenstand, die allein vom Begriff ausgeht. Wenn wir uns etwa vornähmen, uns jemanden vorzustellen, den wir nicht kennen und uns dabei zufällig ein Bild von Peter Müller oder Joseph Schmitz machten, die wir aber noch nicht kennen, so wäre unsere Vorstellung ebenso wenig eine Vorstellung von Peter Müller oder Joseph Schmitz wie die Spur im Sand eine Karikatur von Winston Churchill. Der intentionale Gehalt unserer Vorstellungen wird demnach nicht durch die Vorstellungen in Eigenregie festgelegt. Ohne Umgang mit der Welt hätten unsere Vorstellungen und Überzeugungen keinerlei Bedeutung.

Mit dieser Überlegung legt Putnam nahe, dass der Solipsismus des vorstellenden Subjekts, dem wir nun schon mehrfach begegnet sind (s.o., S. 22 f., 32-34, 49 f., 56, 58 f.), eine magische Theorie der Bezugnahme voraussetzt. Denn der Solipsismus nimmt an, dass wir eine *Als-ob-Intentionalität* haben, selbst wenn wir uns niemals erfolgreich auf etwas beziehen. Die Als-ob-Intentionalität unserer mentalen Repräsentationen bestünde darin, dass wir eine Vielzahl von Vorstellungen hätten, die etwas so präsentieren, als ob dieses Etwas unabhängig davon wäre, dass es präsentiert wird. Doch nach Putnam hätten unsere Begriffe gar keine Bedeutung und wären lediglich leere Worte, bloßer Schall und Rauch, wenn wir nicht in kausalem Kontakt mit einer Außenwelt ständen, die mentale Repräsentationen in uns hervorruft. Stehen wir aber notwendig mit einer solchen Außenwelt in Kontakt, wenn unsere Worte irgendetwas bedeuten, so bedeutet unser Ausdruck ›Gehirne im Tank‹ nur dann etwas, wenn wir keine Gehirne im Tank sind und folglich einen kausalen Kontakt mit Gehirnen und Tanks haben können, die wir in unserer Imagination so verbinden, dass wir uns Gehirne im Tank vorstellen können. Wenn unser Ausdruck ›Gehirne im Tank‹ wirklich auf Gehirne im Tank Bezug nimmt, dann sind wir also keine Gehirne im Tank.

Woher will Putnam aber wissen, dass *unser* Ausdruck ›Gehirne im Tank‹ sich wirklich auf *Gehirne im Tank* und nicht etwa auf *Gehirne im Tank im Vorstellungsbild* bezieht? Wie will Putnam dies angesichts des skeptischen Problems sicherstellen? Denn seine Überlegungen rufen unmittelbar das hartnäckige Problem des semantischen Nihilismus hervor, das um einiges schlimmer ist als die einfachen skeptischen Szenarien. Der *semantische Nihilismus* besteht darin, dass wir uns nicht einmal mehr sicher sein können, ob *unsere* Wörter überhaupt imstande sind, sich auf irgendetwas von all dem zu beziehen, was wir für wirklich halten. Wären wir Gehirne im Tank, so könnten wir weder auf unsere Nachbarn noch auf den Mond, die Sonne oder unseren Garten sprachlich Bezug nehmen. Unsere Sprache wäre eine ganz andere als diejenige von Menschen, die sich sprachlich auf

Einzeldinge in ihrer Umwelt beziehen können. Nun, könnte Putnam wiederum einwenden, der semantische Nihilismus sei von ihm ebenfalls widerlegt worden. Denn dieser ergäbe sich nur, wenn wir überhaupt imstande wären, uns in das Szenario der Gehirne im Tank zu versetzen. Dies sei aber gänzlich unmöglich, da die Voraussetzung des Gedankenexperiments das Funktionieren der Sprache ist.

Diese Entgegnung ist allerdings keine besonders geeignete Kur gegen den semantischen Nihilismus. Denn das Gedankenexperiment könnte die unbequeme Folge haben, dass wir die Möglichkeit entdecken, Gehirne im Tank sein zu können, und sie in ihrer Abgründigkeit ausloten. Die Entdeckung dieser Möglichkeit entspricht der Frage, ob wir uns gerade im Vollbesitz unserer geistigen Kräfte befinden oder ob wir auf irgendeine andere Weise kognitiv außer Kraft gesetzt sind. Woher wissen wir, ob wir nicht vor einigen Stunden eine Droge verabreicht bekommen haben, die dazu führt, dass wir lauter Unsinn denken, der uns lediglich kohärent vorkommt? Wir sitzen in einem bequemen Stuhl und glauben etwa, diese Einführung in die Skepsis zu lesen; wir versuchen zu verstehen, was Putnam beweisen will, sind aber gar nicht imstande, die Wörter korrekt zu lesen, die wir zu lesen meinen. Wir läsen etwa stets ›Wir läsen etwa stets‹, wo eigentlich steht ›Pinocchios Nase wächst, wenn er lügt‹. Dies ist vielleicht gar keine Einführung in die Skepsis, sondern ein Buch über Pinocchio oder Rumpelstilzchen. Solche Möglichkeiten sind in der Literatur immer wieder durchgespielt worden. Man denke etwa an Jorge Luís Borges' Erzählungen.[36]

Nun ist aber auf den ersten Blick nichts unmöglich daran, sich zu fragen, ob wir uns im Vollbesitz unserer geistigen Kräfte befinden. Außerdem sind wir imstande, uns vorzustellen, dass es Wesen (oder Mitmenschen) gibt, die in einigen oder gar allen Bereichen erheblich über unsere geistigen Kapazitäten hinaus begabt sind. Damit ziehen wir eine Grenze um unsere Rationalität, obwohl wir nicht genau wissen, wie es jenseits der Grenze aussieht. Doch jenseits der Grenze könnte sich herausstellen, dass unsere Ausdrücke sich auf nichts beziehen. Wir könnten etwa lauter Unsinn glauben und in den Augen der überlegenen Intelligenz nur falsche Überzeugungen haben – auf ähnliche Weise, wie es uns unsinnig vorkommt, an Hexen oder an Gestirnsseelen zu glauben, welche die Sterne lenken!

Ein weiteres Problem von Putnams Beweis besteht in der Frage, woher eigentlich die Bedeutung seines eigenen Ausdrucks ›Gehirne im Tank‹ stammt. Denn Gehirne im Tank, so wie er sie beschreibt, gibt es nicht (ja, kann es seiner Theorie zufolge nicht einmal geben!). Also steht er nicht mit Gehirnen im Tank in kausalem Kontakt. Demnach geht es ihm wie einem Gehirn im Tank: Sein Ausdruck ›Gehirn im Tank‹ bezieht sich nicht auf Gehirne im Tank (denn die gibt es nicht), sondern auf Gehirne im Tank im Vorstellungsbild (im Gedankenexperiment)! Folglich ergibt sich die paradoxe Situation des semantischen Nihilismus für die von Putnam in seinem Aufsatz verwendete Sprache. Putnam ist semantisch gesehen selbst wie ein Gehirn im Tank: Sein Ausdruck ›Gehirn im Tank‹ bezieht sich nicht auf *Gehirne im Tank*, sondern auf *Gehirne im Tank im Vorstellungsbild* bzw. *im Gedankenexperiment.*

Es steht also schlecht um den Versuch, alle skeptischen Szenarien – vom Traumargument über den genius malignus bis hin zu Gehirnen im Tank – mit einem Schlag aus der Welt zu schaffen. Denn ein solcher Versuch führt viel zu weit, indem er die Differenz von Sein und Schein einzieht. Die cartesische Skepsis, d.h. Descartes' methodischer Zweifel, bringt lediglich eine Konsequenz unserer Endlichkeit zum Ausdruck: Wir wissen nicht, wie es metaphysisch um uns bestellt ist, da wir stets Voraussetzungen (etwa dass wir keine Gehirne im Tank sind) machen, die kognitiv nicht gedeckt sind. Wir nehmen vieles auf Treu und Glauben hin, was aber im Laufe unseres Lebens erschüttert wird. Diese zutiefst humane Erfahrung der Bildung an der Endlichkeit spricht bereits der griechische Tragiker Aischylos (525-456 v. Chr.) aus, wenn er schreibt, dass »Lernen durch Leid« (pathei mathos) bedingt sei.[37] Wir können unserer Endlichkeit nicht entkommen. Insbesondere nicht in der Weise, dass wir die cartesische Skepsis zu *widerlegen* suchen. Diese ist nämlich lediglich die Konsequenz einer kritischen Distanznahme vom Gegebenen, auf die wir nicht ernsthaft verzichten sollten. Genau diese Einsicht liegt den modernen Versionen der pyrrhonischen Skepsis zugrunde, die versuchen, unsere epistemische Endlichkeit zur Sprache zu bringen, ohne damit bereits über sie hinauszugehen. Doch wie ist es möglich, mit der cartesischen Skepsis zu leben, ohne sie widerlegen zu wollen?

2. Die Wiederkehr der pyrrhonischen Skepsis – Ludwig Wittgenstein und Richard Rorty

Ludwig Wittgenstein (1889-1951) hat sich in allen Phasen seines Denkens intensiv mit den Problemen des Skeptizismus auseinandergesetzt. Insgesamt lassen sich drei Phasen in der philosophischen Entwicklung Ludwig Wittgensteins unterscheiden: (1) Die Phase des *Tractatus logico-philosophicus*, (2) die Phase der *Philosophischen Untersuchungen* und (3) die Phase von *Über Gewißheit*.[38] In allen drei Phasen sind auffällige Affinitäten zur pyrrhonischen Skepsis erkennbar.[39] In diesem Abschnitt werden uns insbesondere die zweite und dritte Phase seines Denkens beschäftigen. Anschließend wenden wir uns dem Denken des amerikanischen Philosophen *Richard Rorty* (1931-2007) zu, der sich an Wittgenstein angeschlossen und Konsequenzen aus dessen Einstellung zum Problem des Skeptizismus gezogen hat. Damit hat er die gegenwärtige Debatte entscheidend beeinflusst.

Die pyrrhonische Skepsis bietet einen Weg an, uns mit unserer Endlichkeit zu versöhnen, ohne diese auf eine absolute Gewissheit hin zu transzendieren. Die Differenz von Sein und Schein wird als Ursprung unauflösbarer Paradoxien erkannt, und der Versuch, das wahre Sein, die Wahrheit im eminenten Singular zu bestimmen und als das Gute selbst anzustreben, wird aufgegeben. In den von Friedrich Waismann herausgegebenen Gesprächen mit dem Wiener Kreis sagt Wittgenstein einmal: »Was den philosophischen Betrachter an unserer Sprache am meisten befremdet, ist der Unterschied zwischen *Sein* und *Schein.*«[40] Das zentrale Problem der Sprache ist demnach der Unterschied zwischen Sein und Schein, ein Unterschied, in dem Wittgenstein einen Ursprung der Befremdung und der Verwunderung sieht. Wittgenstein geht es darum, den Unterschied zwischen Sein und Schein aufzuheben und nur mehr die Phänomene in einem durchaus pyrrhonischen Sinne gelten zu lassen. »Die Philosophie stellt eben alles bloß hin, und erklärt und folgert nichts. – Da alles offen daliegt, ist auch nichts zu erklären. Denn, was etwa verborgen ist, interessiert uns nicht.« (PU, § 126) Die Sprache als unüberschaubares Netzwerk von Regeln verleitet uns dazu, uns ein vereinfachtes Bild von der Sprache zu machen, was dazu führt, dass sich uns metaphysische Scheinprobleme aufdrängen, die sich letztlich allesamt auf grammatische Probleme zurückführen lassen. Dies ist die Quintessenz von Wittgensteins metaphilosophischen Überlegungen über den Ursprung der Philosophie in den §§ 65-142 seiner *Philosophischen Untersuchungen.* Die Sprache verhexe den menschlichen Verstand und verführe ihn zu Vereinfachungen ihrer Komplexität. »Die Philosophie ist ein Kampf gegen die Verhexung unsres Verstandes durch die Mittel unserer Sprache.« (PU, § 109) Es gehe deshalb darum, den menschlichen Verstand aus den Regeln zu befreien, in denen er sich verfangen habe (vgl. PU, § 124).

Eine der Fallen, die uns die Sprache stellt, ist Wittgenstein zufolge der *semantische Solipsismus*. Der semantische Solipsismus, den Wittgenstein selbst in seiner ersten Phase radikalisiert hatte, geht davon aus, dass das erkennende Subjekt selbst nicht zum Erkannten, d.h. zur Welt gehören kann. Wittgenstein bestimmte es daher als »eine Grenze der Welt« (TLP 5.632). Ähnlich wie bei Sextus treten bei Wittgenstein später die »Lebensformen«, d.h. »*Gepflogenheiten* (Gebräuche, Institutionen)« (PU, § 199) der Gemeinschaft an die Stelle eines transzendentalen Ichs des semantischen Solipsismus. Wenn das solipsistische, rein erkennende und nie erkennbare Subjekt nicht zur Welt gehört, so kann es jedenfalls nicht dadurch bestimmt sein, dass es Mitglied einer Gemeinschaft ist. Ein reines Subjekt des Erkennens, das nicht erkannt werden kann, weil es lediglich die Grenze der Welt ist, von der her sich die Welt *als* diese Welt bestimmen lässt, gehört wesentlich nicht dazu, weder zu den Dingen noch zur allgemein menschlichen oder zu einer partikularen Gemeinschaft. Auf dieser Basis hat Wittgenstein in seinen *Philosophischen Untersuchungen* eine der folgenreichsten Entdeckungen in der Geschichte der Philosophie gemacht, mit deren Hilfe er den semantischen Solipsismus überwinden konnte.

Diese Entdeckung ist das *Problem des Regelfolgens*, das uns mit einer radikalen Form des semantischen Nihilismus konfrontiert. Wittgenstein stellt sich die Frage, was es bedeutet, einer Regel zu folgen. Nehmen wir etwa die einfache arithmetische Regel der Addition, deren Befolgung uns in der Grundschule beigebracht wird, und versetzen uns in die Lage eines Lehrers, der sichergehen möchte, dass sein Schüler die Regel der Addition verstanden hat. Angenommen, er stellt dem Schüler die Aufgabe, zur Zahl 2 stets 2 hinzuzuaddieren. Der Schüler bildet auf diese Weise die Zahlenfolge 2, 4, 6, 8, 10 etc. Der Lehrer beobachtet das Verhalten des Schülers zuversichtlich, bis dieser plötzlich bei 40 beginnt, stets 4 hinzuzuaddieren und die Zahlenfolge mit 44, 48, 52 etc. fortsetzt. Der Lehrer unterbricht den Schüler und fragt ihn, welcher Regel er zu folgen meine. Er könnte daraufhin durchaus die Antwort erhalten, dass der Schüler meint, der Regel ›+2‹ zu folgen. Was der Schüler allerdings unter der Regel ›+2‹ versteht, hieße in der Sprache des Lehrers ›+2, wenn <40; +4, wenn >40‹. Allerdings könnte es auch sein, dass der Schüler ab 80 beginnt, stets 8 zu addieren und ab 120 stets 12 usw.

Das Problem ist nun, dass wir nicht wissen können, welcher Regel der Schüler eigentlich folgt, und dass der Schüler dies auch nicht wissen kann. Er handelt einfach auf eine bestimmte Weise, die er für vereinbar mit der Aufforderung hält, stets 2 zu 2 hinzuzuaddieren. Es könnte etwa sein, dass er unter ›stets‹ eine Aufforderung versteht, der komplizierten Regel zu folgen, der er uns nun zu folgen scheint. Welche Gründe ihn bewogen haben mögen, die Regel ›+2‹ nicht als +2 aufzufassen, bleibt uns letztlich verborgen. Denn jede Erklärung, die er für sein Verhalten geben könnte, könnte wiederum Ausdrücke enthalten, die er anders verwendet als wir.

Radikalisieren wir das Problem! Jeder Begriff, den wir verwenden, wird durch eine Regel bzw. durch Regeln seiner Anwendung konstituiert. Begriffe sind also komplexe Regeln für die Verwendung sprachlicher Ausdrücke. Wer sprachliche Ausdrücke verwendet, folgt damit Regeln. Diese Regeln werden etwa in Grammatiken und Wörterbüchern sowie in allen anderen Büchern festgehalten, die festlegen, wie ein sprachlicher Ausdruck zu verwenden sei. Wenn wir die Bedeutungsregeln von ›Französische Revolution‹ kennenlernen wollen, schlagen wir in Geschichtsbüchern nach, wenn wir diejenige von ›Laubwald‹ kennenlernen wollen, werfen wir einen Blick in eine Enzyklopädie usw. Nun ist es aber stets möglich, dass wir einen Begriff, der in einer Erklärung der Bedeutungsregeln eines Begriffs vorkommt, auf eine andere Weise verstanden haben als das Buch oder der Lehrer, der uns die Erklärung gibt, ohne dass das Missverständnis in allen Fällen unmittelbar zutage gefördert würde. Man stelle sich etwa vor, ein Bekannter verwendete das Wort ›Tisch‹ so, dass er damit auf alle Tische sowie auf alle rosa Delfine im Amazonas Bezug nimmt. Da wir ihn noch nie auf einer Amazonasreise begleitet haben und selten die Gelegenheit haben, rosa Delfine zu sehen und mit dem Bekannten über sie zu sprechen, haben wir keine Ahnung, dass er auf einen prächtigen rosa Delfin mit dem freudigen Ausruf ›Schau, welch ein schöner Tisch!‹ Bezug nehmen würde.

Solche Fälle sind uns zur Genüge bekannt, wenn es um komplizierte Begriffe geht, deren Bedeutung immer Sache der semantischen Verhandlung ist. Wenn wir etwa über Politik oder Kunst debattieren oder uns fragen, ob jemand wirklich unser Freund ist, so sind wir uns oftmals nicht sicher, was eigentlich die Bedeutungsregeln von ›Demokratie‹, ›soziale Gerechtigkeit‹, ›orientalisierende Periode‹, ›Freundschaft‹ usw. sind. Dabei hilft auch ein Blick ins Wörterbuch oder in eine Enzyklopädie nicht immer, zumal wir im Laufe unseres Lebens die Erfahrung machen, dass die Erklärungen, die wir in Büchern finden, keineswegs stets korrekt sind und dass viele Bedeutungsregeln davon abhängen, welcher Aspekt einer Sache betont wird.

Wittgenstein verallgemeinert diese Überlegung nun so, dass sie für alle Begriffe gilt, insofern sie Regeln sind. Alle Begriffe sind letztlich völlig bodenlos. Denn wir können auf keinen Test zurückgreifen, der einwandfrei bestimmt, was ein bestimmtes Wort eigentlich meint, d.h. welches die Bedeutungsregeln des Begriffs sind, den das Wort zum Ausdruck bringt. Schließlich verwendet jede Erklärung wiederum Begriffe, deren Bedeutungsregeln für uns offen sind usw. Wir kommen also notwendig an einen Punkt, an dem wir keine weitere Erklärung der begrifflichen Regeln mehr geben können, denen wir folgen, so dass es letztlich keine Bedeutungsregeln geben kann, die nicht an irgendeinem Punkt grundlos, weil nicht begründbar sind.

Daraus ergibt sich das Problem des Regelfolgens, das entsteht, sobald wir mit der Kontingenz der Sprache konfrontiert werden. Wir sehen plötzlich ein, dass unsere Sprache labil ist, dass wir uns nicht darauf verlassen können, dass die Wörter bedeuten, was wir für ihre Bedeutung halten. Denn es gibt keinen Außenhalt unseres Sprachgebrauchs. Die Welt kann uns nicht lehren, die Wörter auf eine bestimmte Weise zu verwenden und ihre Bedeutungsregeln endgültig festzulegen. Denn die Welt verändert sich unablässig, und wir beziehen uns ohnehin in jedem Moment unseres bewussten Lebens auf nie da gewesene Umstände. Jeder Moment verlangt von uns eine semantische Schöpfung aus nichts, d.h. den Akt einer Übertragung von Wörtern aus veralteten Kontexten in neue – ein Akt, den Stanley Cavell in seiner Wittgenstein-Deutung als »Projektion« bezeichnet.[41] Wenn wir aber keinerlei Außenhalt und kein Kriterium für unseren Wortgebrauch mehr anführen können, so ergibt sich ein Paradoxon, für welches Wittgenstein freilich auch eine eigene Lösung anbietet: »Unser Paradox war dies: eine Regel könnte keine Handlungsweise bestimmen, da jede Handlungsweise mit der Regel in Übereinstimmung zu bringen sei. Die Antwort war: Ist jede mit der Regel in Übereinstimmung zu bringen, dann auch zum Widerspruch. Daher gäbe es hier weder Übereinstimmung noch Widerspruch.« (PU, § 201)

Das Paradoxon besteht darin, dass die Regeln, denen wir zu folgen meinen, nicht festlegen können, wann ihnen jemand folgt und wann nicht, da der Ausdruck der Regel von demjenigen, der ihr folgen soll, verstanden werden muss. Das Verstehen des Regelausdrucks kann aber nicht durch den Regelausdruck vorab determiniert werden, so dass man sich niemals sicher sein kann, welcher Regel jemand folgt, selbst wenn man sein Verhalten über lange Zeit beobachtet. Wenn jemand de facto der Regel ›+2, wenn <100.000, + 7,95, wenn >100.000‹ folgt und gleichzeitig der Überzeugung ist, dass diese Regel durch den Regelausdruck ›+2‹ vorgeschrieben wird, so können wir sein anderes Verständnis der Regel erst dann erkennen, wenn er über 100.000 hinauskommt. Dasselbe gilt für alle Regeln und damit für alle Begriffe. Unser Verstehen hängt also an einem seidenen Faden oder wie Stanley Cavell sagt: Die Sprache ruht »auf einem dünnen Netz über dem Abgrund«[42]. Wir können nicht alle Kontexte antizipieren, in denen wir ein bestimmtes Wort verwenden werden, und wissen daher nicht, welcher Regel wir eigentlich folgen, da es wiederum verschiedene Deutungen unseres Verhaltens gibt, die mit verschiedenen Regelausdrücken beschreiben, was wir eigentlich tun.

Saul Kripke hat in seiner einflussreichen Studie über das Problem des Regelfolgens einen Unterschied zwischen einer *direkten* und einer *skeptischen Lösung* des Regelproblems getroffen.[43] Eine *direkte Lösung* zeigt auf, dass ein Problem eigentlich gar nicht besteht, sondern nur ein Scheinproblem vorliegt, das sich bei genauerem Hinsehen auflöst. Das skeptische Problem ist in dieser Perspektive unbegründet. Eine *skeptische Lösung* hingegen akzeptiert die Herausforderung in ihrer ganzen Konsequenz und behauptet, dass das Paradoxon nicht gelöst werden kann, dass dies aber auch nicht nötig ist: »Die *skeptische* Lösung eines skeptischen philosophischen Problems dagegen räumt von vornherein ein, daß den negativen Behauptungen des Skeptikers nicht beizukommen ist. Dennoch sei unser gewöhnliches Tun und Denken berechtigt, weil es – dem gegenteiligen Anschein zum Trotz – die vom Skeptiker als unhaltbar erwiesene Rechtfertigung gar nicht nötig habe.«[44]

Die skeptische Lösung des Regelproblems zeigt, dass wir trotz allem imstande sind, einander zu verstehen und Regeln zu folgen, indem sie uns ein anderes Verständnis dessen ermöglicht, was wir tun, wenn wir einer Regel folgen. Kripkes Darstellung der skeptischen Lösung bezeichnet man in der Diskussion häufig als *Gemeinschaftssicht* (community view). Diese besagt, dass wir innerhalb der Schranken der Gemeinschaft, der wir angehören, gewisse Handlungen als Regelverstöße sanktionieren, ohne deshalb eines letzten Grundes der Rechtfertigung dieser Sanktionen zu bedürfen. Unser Handeln sei letztlich grundlos, wie Wittgenstein immer wieder einschärft. Es gibt keine letzten Gründe dafür, dass wir bestimmten Gepflogenheiten und Bräuchen anhängen; gäbe es sie, so könnten wir sie niemals mit völliger Sicherheit geltend machen. Überfordern wir unsere Ansprüche an uns selbst und an die anderen, so droht jederzeit die Gefahr, dass wir letztlich gar nicht mehr sicher sein können, überhaupt zu verstehen, wie wir und alle anderen handeln.

Unser Selbstverständnis und das Verständnis unserer Zugehörigkeit zu einer Gemeinschaft müssen demnach genau so konditioniert sein, dass wir uns auf den Bahnen der Gemeinschaft bewegen, ohne dass diese ihrerseits in einem unerschütterlichen Kodex festgehalten werden könnten. Denn auch der Kodex bedürfte einer Deutung. Folglich muss es ein Regelfolgen geben, »das keine Deutung ist« (PU, § 201). Dieses Regelfolgen ist ein sozial antrainiertes Können, so wie wir etwa imstande sind, uns in einer komplizierten Stadt zu bewegen. Unser alltägliches In-der-Welt-sein ist demnach ein Sein-mit-Anderen dergestalt, dass wir uns wechselseitig unablässig in unserem Verhalten konditionieren, ohne dass die Regeln ein für alle Mal feststünden. Ohne diese wechselseitige Kontrolle gäbe es überhaupt keine Regeln und damit auch keine Begriffe. Das bedeutet, dass der semantische Solipsismus sich einer Sprache bedient, die unmöglich ist, einer Sprache, die nicht in einem sozialen Kontext entstanden ist und nicht durch wechselseitige Kontrolle aufrechterhalten wird. Eine solche Sprache verlöre aber den Boden unter den Füßen. Die Sprache des Solipsismus sagt daher gar nichts, weil sie keiner Regel folgen kann. Regelfolgen setzt nämlich eine Gemeinschaft voraus, die Regelverstöße sanktioniert, um auf diese Weise den endlichen Raum eines semantischen Universums, d.h. eine Sprache hervorzubringen. Alle Sprachen sind demnach wesentlich soziale Errungenschaften, so dass es schlichtweg Unsinn ist, im Sinne eines semantischen Solipsismus zu sprechen. Was man dabei sagen will, lässt sich nämlich nicht sagen – das aber nicht, weil das Problem zu tief oder geheimnisumwoben wäre, sondern weil es ein unsinniger Versuch ist, etwas und doch nichts zu sagen. »So gelangt man beim Philosophieren am Ende dahin, wo man nur noch einen unartikulierten Laut ausstoßen möchte.« (PU, § 261)

Aus dieser Problematik hat Wittgenstein in *Über Gewißheit* weiterführende Konsequenzen gezogen. Im Zentrum steht dort eine Auseinandersetzung mit der cartesischen Skepsis, die Wittgenstein als eine Überforderung der Endlichkeit interpretiert. Wenn wir uns z.B. fragen, ob es eine Außenwelt gibt oder ob unser Gegenüber wirklich Deutsch spricht und nicht etwa eine unbekannte fremde Sprache, die zufällig wie Deutsch klingt, so haben diese Fragen keine Anwendung in einem nicht-philosophischen Sprachspiel. Es fehlt ihnen die Umgebung ihrer Anwendung – wie einem völlig absurden Verhalten, das in keiner bestimmten Gemeinschaft zu Hause ist. Angenommen etwa, jemand entwickelte eine komplizierte Sprache, die nur er verstünde und entwickelte eine Kultur für diese Sprache, die ebenfalls nur er lebte. Er isst bestimmte Gerichte, die außer ihm niemand kennt, und macht lauter absonderliche Dinge, die niemand versteht. Genau so verhält sich der cartesische Skeptiker in Wittgensteins Augen, obwohl man ihm seine Verrücktheit verzeiht, sobald man sich daran erinnert, dass er ein Philosoph ist: »Ich sitze mit einem Philosophen im Garten; er sagt zu wiederholten Malen ›Ich weiß, daß das ein Baum ist‹, wobei er auf einen Baum in unsrer Nähe zeigt. Ein dritter kommt daher und hört das, und ich sage ihm: ›Dieser Mensch ist nicht verrückt: Wir philosophieren nur.‹« (ÜG, § 467)

Die cartesische Skepsis ist demnach eine Grenzüberschreitung der Endlichkeit, die allerdings keine neuen Perspektiven eröffnet, sondern ins diskursive Aus führt. Sie ist zwar unter philosophischen Bedingungen scheinbar sinnvoll. Dennoch ist sie eigentlich mit einem kognitiven Delirium zu vergleichen, da sie Fragen stellt, die nicht viel besser als beliebige Verschwörungstheorien sind; dies meint jedenfalls Wittgenstein.

An die Stelle der Überforderung unserer Sprache setzt Wittgenstein ein therapeutisches Projekt, das durchaus an die pyrrhonische Skepsis erinnert. Es geht ihm darum, den Philosophen von seiner Vorliebe für die Transzendenz, seinem Streben über alle Grenzen hinaus, abzubringen. In *Über Gewißheit* versucht Wittgenstein dies, indem er den Gebrauch des Wissensbegriffs untersucht und zeigt, dass dieser auf endliche Bedingungen bezogen ist. Wenn wir beanspruchen, etwas zu wissen, so legen wir einen Rahmen fest, innerhalb dessen unsere Wissensansprüche geprüft und verteidigt werden können.

Dies kann man sich am folgenden Beispiel klarmachen. Angenommen, jemand beansprucht zu wissen, dass seine Schlüssel in der Schublade seines Schreibtisches liegen. »Nun«, könnte jemand einwenden, »weißt du wirklich, dass deine Schlüssel in der Schublade sind? Du hast schon oft behauptet zu wissen, dies oder jenes sei in deiner Schublade, obwohl dein kleiner Sohn ständig in deinen Schubladen wühlt und ein diebisches Vergnügen daran findet, den Schubladen Dinge zu entnehmen und vor dir zu verstecken!« In dieser Situation stünde der Wissensanspruch des Vaters ernsthaft infrage und könnte etwa dadurch verteidigt werden, dass der Vater darauf hinweist, er schließe seit Kurzem die Schublade ab bzw. sein Sohn sei derzeit im Ferienlager. Der Wissensanspruch geriete hingegen nicht ernsthaft unter Druck, wenn jemand fragte, ob der Besitzer des Schlüssels sich überhaupt sicher sei, dass es eine Außenwelt (und damit so etwas wie Schlüssel) gebe oder dass sein Schlüssel nicht immer dann ins Nichts verschwinde, wenn er ihn nicht sieht usw. Es gibt also offenkundig einen konventionellen Spielraum, innerhalb dessen sich das Spiel des Wissens bewegt. Jenseits dieses Spielraums gibt es keine sinnvollen Fragen und Antworten. Allerdings kann man diesen konventionellen Spielraum nicht ein für alle Mal bestimmen, da er sich der »Naturgeschichte« (PU, § 415) des Menschen verdankt und nicht etwa dadurch entsteht, dass der Mensch eine Einsicht in die Schranken der Endlichkeit erwirbt und auf dieser seine Sprache aufbaut. »Es ist immer von Gnaden der Natur, wenn man etwas weiß.« (ÜG, § 505) Aus diesem Grunde will Wittgenstein (wie vor ihm Nietzsche) den Menschen gleichsam in die Natur zurückübersetzen: Denn nur als animalisches Wesen, das blind den antrainierten Regeln folgt, sei der Mensch imstande, Wissensansprüche zu erheben:

> »Ich will den Menschen hier als Tier betrachten; als ein primitives Wesen, dem man zwar Instinkt, aber nicht Raisonnement zutraut. Als ein Wesen in einem primitiven Zustande. Denn welche Logik für ein primitives Verständigungsmittel genügt, deren brauchen auch wir uns nicht zu schämen. Die Sprache ist nicht aus einem Raisonnement hervorgegangen.« (ÜG, § 475)

Wittgensteins Auslegung des Wissensbegriffs bezeichnet man als *Kontextualismus*: Ob jemand etwas weiß, hängt vom Kontext ab, in dem er seinen Wissensanspruch erhebt. Obwohl der Kontextualismus als antiskeptische Strategie gegen die cartesische

Skepsis auftritt, ist er an klassischen Begriffen gemessen selbst eine skeptische Position. Denn der Kontextualismus verweist alle Wissensansprüche an die endlichen Spielregeln der Gemeinschaft und zeigt, dass wir über diese nicht hinauskommen. Die Grenzen der Gemeinschaft und die konventionellen Regeln, die festlegen, was ›gehörig‹, d.h. was erlaubt ist und was nicht, können nicht ihrerseits erkannt und damit zum Gegenstand des Wissens werden. Damit ginge man bereits über sie hinaus und versuchte, sich außerhalb der Gemeinschaft zu stellen und sie von außen zu beurteilen. Doch ein wahres Sein jenseits des gemeinschaftlichen Scheins ist Wittgenstein zufolge nicht zu erreichen, weil es lediglich eine weitere Spielmarke im Sprachspiel oder ein weiterer Versuch wäre, ein neues Sprachspiel einzuführen. Ein absolutes Außerhalb, d.h. ein metaphysisches wahres Sein, gibt es demnach nicht.

Damit unterscheidet sich Wittgensteins Bild der conditio humana grundlegend von Platons Kritik der Konventionen und der Gemeinschaft, wie sie im Höhlengleichnis zum Ausdruck kommt. Wittgenstein zufolge können wir sozusagen nicht aus der Höhle hinaus, weil dasjenige, was als Außerhalb der Höhle gilt, von der Gemeinschaft als ihr Außerhalb gesetzt wird und damit kein wahres oder absolutes Außerhalb ist. Wir können die Grenzen der Gemeinschaft niemals wirklich verlassen, da wir im Gebrauch unserer Begriffe darauf angewiesen bleiben, uns in den Grenzen des konventionellen Begriffsgebrauchs zu bewegen. Jeder Versuch, die Grenzen der Gemeinschaft zu verlassen, verschiebt sie in Wahrheit nur. Ohne diese Grenzen könnten wir allenfalls Nonsens, d.h. nichts, zum Ausdruck bringen.

Im Gefolge Wittgensteins hat der amerikanische Philosoph Richard Rorty eine Spielart des Kontextualismus entwickelt, die er vor allem in seinen Büchern *Der Spiegel der Natur* und *Kontingenz, Ironie und Solidarität* ausgeführt hat.[45] Rorty erklärt ausdrücklich, dass die Philosophie seit Nietzsche durch einen »Verzicht auf die Unterscheidung zwischen Realität und Schein«[46] charakterisierbar sei. Die Annahme eines wahren Seins, das im Medium der philosophischen Sprache gespiegelt werden könne, weist Rorty zurück. Seines Erachtens ist das Übel der dogmatischen Philosophie (der klassischen Metaphysik) darin zu sehen, dass sie ein glasklares Medium (das Bewusstsein, die Sprache, das reine Denken, den Geist usw.) postuliere, in dem sich die Welt an sich manifestieren könne. Die Philosophie verstehe sich als Erkenntnistheorie, deren Aufgabe darin bestehe, das repräsentationale Medium in einer reflexiven Analyse über seine Möglichkeiten aufzuklären, um auf diese Weise der absoluten Wahrheit näher zu kommen.

Demgegenüber schließt sich Rorty u.a. Wittgenstein an und möchte die Idee einer absoluten Wahrheit jenseits des Scheins der Gemeinschaft zugunsten der Freiheit in einem demokratischen Staat liberaler Ironiker verabschieden. An die Stelle der metaphysischen Annahme eines wahren Seins und einer entsprechenden Theoriebildung, die versucht, diesem wahren Sein auf die Schliche zu kommen, setzt Rorty eine »liberale Utopie«[47], in deren Zentrum die »unendliche, immer weiter ausgreifende Verwirklichung von Freiheit« und nicht mehr das »Konvergieren gegen eine schon existierende Wahrheit«[48] stehe.

Letztlich sieht Rorty sein eigenes Philosophieren als »Teil einer allgemeinen Wendung gegen die Theorie und zur Erzählung«[49]. Während alle Theorie darauf aus sei, die Wahrheit zu *repräsentieren*, d.h. zu konstatieren, was immer schon und unabhängig von der Existenz kompetenter Sprecher und denkender Wesen der Fall ist, vermöchte allein der Modus der Erzählung unserem In-der-Welt-sein gerecht zu werden. Diese These lässt sich besser verstehen, wenn wir noch einmal auf Wittgensteins *Über Gewißheit* zurückgreifen.

Wittgenstein erklärt dort, alle Wissensansprüche könnten nur innerhalb eines gegebenen Sprachspiels angemeldet werden und müssten letztlich unter Bezug auf die Konventionen der Gemeinschaft verhandelt werden. Nun bilden unsere Wissensansprüche innerhalb des Sprachspiels immer auch ein System von Überzeugungen, vor dessen Hintergrund alle einzelnen Überzeugungen einen bestimmten Wert zugesprochen bekommen:

»Alle Prüfung, alles Bekräften und Entkräften einer Annahme geschieht schon innerhalb eines Systems. Und zwar ist dies System nicht ein mehr oder weniger willkürlicher und zweifelhafter Anfangspunkt aller unsrer Argumente, sondern es gehört zum Wesen dessen, was wir ein Argument nennen. Das System ist nicht so sehr der Ausgangspunkt, als das Lebenselement der Argumente.« (ÜG, § 105; vgl. auch §§ 140-144)

Wenn wir uns fragen, welchen Flug wir nach Neapel nehmen sollten, so setzen wir voraus, dass es kompetente Piloten gibt, dass Flugzeuge zu jeder Tageszeit fliegen können und dass ihre Flügel nicht in der Sonne schmelzen, dass die Stewardessen uns nicht ausrauben oder Roboter sind usw. Diese Voraussetzungen sind aber keine Resultate einer kognitiven Leistung. Sie sind nicht-epistemisch, d.h. nicht wissensförmig. Wittgenstein bezeichnet sie einfach als »Gewissheiten«. Es ist unmöglich, alle Gewissheiten des Sprachspiels aufzulisten und zu archivieren, zumal diese Auflistung wiederum Voraussetzungen ins Spiel brächte, so dass wir uns von den Voraussetzungen ohnehin nicht freimachen können.

Wittgenstein nennt nun den Rahmen der Organisation der grundlegenden Überzeugungen, d.h. ihr »Bezugssystem« (ÜG, § 83) eine »Mythologie« (ÜG, §§ 95, 97) bzw. ein »Weltbild« (ÜG, §§ 95, 162, 167), in Rortys Sprache: eine Erzählung bzw. ein Vokabular. Die Mythologie bzw. ein bestimmtes Weltbild organisiert demnach unsere Überzeugungen hinter unserem Rücken, ohne dass wir jemals wissen könnten, worin die jeweilige Mythologie eigentlich besteht. Wittgenstein hat vor diesem Hintergrund sogar Skizzen zu einer Philosophie der Mythologie sowie einer Philosophie der Kunst entworfen.[50] Auch die Psychoanalyse deutet Wittgenstein als Mythologie, da sie uns ein Bezugssystem liefere, vor dessen Hintergrund wir unsere Überzeugungen über uns selbst ordnen können.

Wenn Rorty nun Theorie durch Erzählung ersetzen möchte, so motiviert er diesen Zug unter Rekurs auf die mythologische Struktur des Wissens. Alles Wissen sei letztlich mythopoietisch, indem es eine Mythologie generiert, in deren Grenzen das Sprachspiel sich vollzieht. Wer gegen die Mythologie eines Sprachspiels verstößt, überschreitet dabei seine Grenzen, was stets ein weiterer grundloser Akt der Kreation einer neuen Mythologie ist. Genau eine solche neue Mythologie scheint Rorty vorzuschweben, wobei diese ein Weltbild ist, das zur Stärkung der Solidarität demokratischer, liberaler Gemeinschaften beitragen soll. Rorty *behauptet* demnach weder, dass demokratische, liberale Gemeinschaften wirklich besser für Menschen sind, noch dass Solidarität die einzige Grundlage der Demokratie sei. Er entwickelt diese Überzeugungen vielmehr in der Auseinandersetzung mit Literatur und Philosophie, und zwar immer mit der erklärten Absicht, sein eigenes Vokabular an die Stelle eines metaphysischen oder theologischen Vokabulars zu setzen.

Im Schlusskapitel seines Buchs der *Spiegel der Natur* skizziert Rorty ein neues Paradigma der Philosophie, das von der Erkenntnistheorie auf Hermeneutik umstellt. Dabei stellt er sich in die Tradition Hegels, Nietzsches, Deweys, Wittgensteins, Heideggers und zuletzt auch Gadamers, die in seiner Deutung *Kommunikation* an die Stelle von *Kommensuration* gesetzt haben. Die Idee der Kommensuration beruft sich darauf, dass es eine einheitliche Rationalität geben müsse, die eine »Regelmenge«[51] definiere, welche festlege, wie Meinungsverschiedenheiten zu lösen seien. Leitend ist dabei die Idee einer absoluten Wahrheit, die am besten unter Voraussetzung der Regelmenge der Rationalität anzupeilen sei:

> »Innerhalb der Erkenntnistheorie dominiert die Überlegung, um rational, wirklich menschlich sein zu können, müsse man mit anderen Menschen zur Übereinstimmung kommen können. Eine Erkenntnistheorie konstruieren heißt, das größte Maß an Gemeinsamkeiten mit anderen ausfindig machen. Die Annahme, eine Erkenntnistheorie sei möglich, ist identisch mit der Annahme, es gebe eine solche gemeinsame Grundlage.«[52]

Die Grundannahme der Kommensuration unserer Wissensansprüche, des gemeinsamen Maßnehmens an einem absoluten Fundament alles Wissens, beabsichtigt Rorty durch die »holistische, antifundamentalistische, pragmatistische Behandlung von Wissen und Bedeutung«[53] zu ersetzen, die sich u.a. bei Wittgenstein findet. Alles Wissen sei letztlich im Rahmen einer Mythologie, eines Weltbildes zu verhandeln, ohne dass wir rational entscheiden könnten, welche Mythologie vorzuziehen sei. Unsere Akzeptanz einer Mythologie sei kontingent und verdanke sich unserer zufälligen Zugehörigkeit zu einer bestimmten Gemeinschaft. Im Rahmen einer Mythologie sei es möglich, reibungslos miteinander zu kommunizieren und zu entscheiden, auf welche Weise man die Welt einrichten wolle, in der man lebe, da man ein gemeinsames Maß der Kommensuration besitze. Sobald man aber mit heterologen, d.h. grundlegend anderen Vokabularen und Erzählungen konfrontiert werde, sei es nicht mehr möglich, auf Kommensuration zu setzen. An deren Stelle müsse eine fortwährende Kommunikation treten, der Versuch, sich wechselseitig zu verstehen und nicht das andere Vokabular in einem Gewaltakt dem eigenen unterzuordnen, indem man den Maßstab einer schlechthin kommensurablen Rationalität ansetzt.

Diese Position steht offenkundig in der Tradition der pyrrhonischen Skepsis, wie Rortys Anhänger David R. Hiley in seinem Buch *Philosophy in Question* gezeigt hat.[54] Rorty selbst äußert sich gelegentlich in der Tat einvernehmlich mit der antiken Skepsis, die er im Unterschied zur professionellen cartesischen Skepsis als »eine Sache der moralischen Einstellung [...], eine Lebensform, eine Reaktion auf die Prätentionen der intellektuellen Modeerscheinungen des Tages«[55] zu schätzen weiß. Die Probleme der cartesischen Skepsis formuliert Rorty dagegen in der Form der folgenden ›professionellen‹ Fragestellungen: »Woher wissen wir, ob etwas Mentales etwas Nichtmentales vergegenwärtigt? Woher wissen wir, ob das innere Auge einen Spiegel sieht (sei's ein Zerrspiegel, sei's ein verzaubertes Glas) oder einen Schleier?«[56]

Die erkenntnistheoretischen Fragen, die Rorty bewusst in metaphorischer Verzerrung ausdrückt, hält er für Scheinprobleme, die sich einer unergiebigen Auffassung der Erkenntnis als Spiegel der Natur verdanken. Diese Annahme sei aufzugeben, da sie stets in die fruchtlosen Aporien des mentalen Repräsentationalismus führe. Rorty täuscht sich freilich, wenn er meint, die Erkenntnistheorie sei eine ausschließlich moderne Erfindung, eine Erfindung professioneller Philosophen, die Wissen statt Weisheit erstreben. Genauer könnte man allenfalls sagen, die Idee der Erkenntnistheorie als Grundlagendisziplin sei das Produkt der cartesischen Skepsis. Denn Descartes bedient sich der skeptischen Szenarien lediglich, um anschließend eine absolute Gewissheit zu erlangen, ein Fundament des Wissens, aber im Unterschied zur antiken Skepsis nicht mehr, um eine skeptische Lebensform zu begründen.

Genau dagegen wenden sich Wittgenstein und Rorty, wobei ihre epistemologischen Positionen, d.h. ihr jeweiliger Wissensbegriff, sich der pyrrhonischen Skepsis annähern: An die Stelle der absoluten, ontologisch verstandenen Wahrheit im Sinne des wahren Seins jenseits der Erscheinungen setzen sie die lebensdienlichen Konventionen der Gemeinschaft. Die skeptische Lösung des Regelproblems, das sich all jenen Theorien der Rationalität stellt, die Rationalität als einen Regelkanon auffassen, besteht in der Rehabilitierung der gelebten Alltäglichkeit gegen ihre Denunziation seit Platon. Diese ist ein Grundzug der pyrrhonischen Skepsis überhaupt.

Bei Wittgenstein und Rorty kehrt die pyrrhonische Skepsis demnach unter den Vorzeichen moderner Theorien der Rationalität wieder. Freilich basiert diese Wiederkehr auf Wittgensteins radikaler Einsicht in das Regelproblem, das Kripke zu Recht als eine neue und radikalisierte Form des Skeptizismus bezeichnet hat.[57]

Das Regelproblem wirft, wie wir bereits gesehen haben, das Problem des semantischen Nihilismus auf. Dieses Problem ist seit den sprachphilosophischen Überlegungen der amerikanischen Philosophen Willard Van Orman Quine (1908-2000) und Donald Davidson (1917-2003) auch als *Problem der radikalen Übersetzung* bekannt. In § 7 seines Buches *Wort und Gegenstand*[58] entwirft Quine das Szenario eines Ethnologen, der ein bisher noch unbekanntes Volk erforscht, dessen Sprache niemand kennt. Dabei versucht der Ethnologe zunächst, ein einfaches Wörterbuch der unbekannten Sprache zu erstellen. Zu diesem Zweck trifft er sich mit einem Eingeborenen und zeigt auf einen Hasen, woraufhin dieser ›Gavagai‹ sagt. Der Linguist wiederholt das Experiment, indem er verschiedene Hasen zeigt und erhält jedes Mal die Antwort ›Gavagai‹, so dass er einen Wörterbucheintrag ›Hase = Gavagai‹ vornimmt. Woher weiß er aber, dass ›Gavagai‹ nicht ›lecker‹

oder ›Hasen sind dumm‹ oder ›Hasengott‹ oder ›Hasen laufen schnell‹ oder ›Lass uns lieber über Gott als über Hasen reden!‹ usw. bedeuten soll? Jedes Experiment, das er anstellen könnte, um alternative Möglichkeiten auszuschließen, ließe das Problem nur umso deutlicher hervortreten. Quine geht nun so weit zu behaupten, dass radikale Übersetzung bereits zu Hause anfängt. Dies bedeutet, dass wir uns bei keinem einzigen Regelausdruck sicher sein können, was er eigentlich bedeutet, da wir der Welt die Bedeutung der Wörter nicht ablesen können. Die Gegenstände sagen uns einfach nicht, wie sie heißen, und alle anderen Menschen könnten die Welt jederzeit anders sehen.

Ohne hier auf Quines und Davidsons Lösungen des Problems eingehen zu können, sei abschließend bemerkt, dass das Problem des semantischen Nihilismus, das der gemeinsame Nenner des Regelproblems und des Problems der radikalen Übersetzung ist, uns mit der Grundlosigkeit unserer Überzeugungen konfrontiert. Doch das Problem entsteht nur dann, wenn wir uns zu weit von den Gepflogenheiten unserer Gemeinschaft entfernen und Abstand von der gelebten Alltäglichkeit nehmen – so lautet jedenfalls die pyrrhonische Diagnose.

Auf diese Weise ergibt sich allerdings das Problem, wie wir Kriterien dafür formulieren sollen, wann wir uns zu weit von der gelebten Alltäglichkeit entfernt haben. Bildende Kunst, Literatur und Film etwa überschreiten die Grenzen der gelebten Alltäglichkeit ständig, und so wurde die Tragödie (und das Epos) in Griechenland zum Ursprung der Philosophie. Auch heute noch überschreiten viele Menschen erst im Umgang mit der Kunst und natürlich im Umgang mit der Religion die Grenzen ihrer Mythologie und beginnen auf diese Weise zu philosophieren. Nun lassen sich aber Kunst und Religion nicht so einfach verabschieden wie die Philosophie, da sie beide reale Mächte der gelebten Alltäglichkeit sind. Das Problem des Quietismus kehrt hier unter erneuerten Vorzeichen wieder, wie wir in den folgenden Abschnitten sehen werden.

3. Die Wahrheit des Skeptizismus – von Kant zu Stanley Cavell

Die moderne Skepsis nimmt ihren Ausgang insbesondere von Descartes' *Meditationen.* Sie entwickelt allerdings, ausgehend von Kant, neue und gegenüber Descartes radikalisierte Formen. Kant versucht in seiner *Kritik der reinen Vernunft*, die metaphysische Differenz von Sein und Schein auf eine revolutionäre Weise umzudeuten, womit er u.a. die Absicht verbindet, das Problem der cartesischen Skepsis zu lösen. Denn Kant zufolge ist es »ein Skandal der Philosophie und allgemeinen Menschenvernunft, das Dasein der Dinge außer uns (von denen wir doch den ganzen Stoff zu Erkenntnissen selbst für unsern inneren Sinn her haben,) bloß *auf Glauben* annehmen zu müssen, und, wenn es jemand einfällt es zu bezweifeln, ihm keinen genugtuenden Beweis entgegenstellen zu können« (KrV, BXXXIX, Anm.).

Kant nimmt sich vor, diesen Skandal mit seiner Erkenntnistheorie aus der Welt zu schaffen. Er entwirft allerdings eine antiskeptische Strategie, welche die nachkantischen Skeptiker herausforderte, gegen Kants eigene Intention einen genuin kantischen Skeptizismus zu entwickeln, d.h. einen Skeptizismus auf der Basis der kantischen Erkenntnistheorie, die in der Tat zuvor ungeahnte skeptische Schwierigkeiten aufwirft.[59]

Kant trifft in der *Kritik der reinen Vernunft* eine gewichtige Unterscheidung zwischen *Ding an sich* und *Erscheinung.* Diese viel diskutierte Distinktion kann man sich – im Hinblick auf ihre skeptische Herkunft und ihre skeptischen Konsequenzen – folgendermaßen verdeutlichen. Wenn wir annehmen, dass die Welt an sich eine Außenwelt im Sinne der Totalität alles raum-zeitlich

Ausgedehnten ist, dann können wir von dieser Welt an sich nur dadurch etwas wissen, dass wir Weltzustände, also Ausschnitte des Ganzen, mental repräsentieren. Dies war die Ausgangslage des mentalen Repräsentationalismus, dessen Prämissen Kant deutlich durchschaut. Kants Diagnose zufolge ergibt sich der mentale Repräsentationalismus als Konsequenz dessen, was er als »transzendentalen Realismus« (KrV, A 369 ff.) bezeichnet, d.h. als Konsequenz der Annahme, dass es eine Außenwelt im Sinne der Totalität aller raum-zeitlich ausgedehnten Dinge unabhängig von unserer kognitiven Ausstattung gibt, die unsere Sinnlichkeit kausal affizieren.

Kant argumentiert nun nicht etwa dafür, dass wir einen infalliblen oder zumindest wahrscheinlich gelingenden mentalen Zugang zur Welt an sich haben, sondern dafür, dass dasjenige, wozu wir Zugang haben, überhaupt nicht die Welt an sich, sondern die Welt der Erscheinungen ist. Ansonsten ergebe sich der Skandal der Philosophie schlechthin. Erscheinung meint hierbei nicht mehr Schein, ist also nicht mehr pejorativ konnotiert und drückt nicht länger einen Mangel aus, nämlich unser Unvermögen, die Welt an sich zu erkennen. »Denn in der Tat, wenn man äußere Erscheinungen als Vorstellungen ansieht, die von ihren Gegenständen, als an sich außer uns befindlichen Dingen, in uns gewirkt werden, so ist nicht abzusehen, wie man dieser ihr Dasein anders, als durch den Schluß von der Wirkung auf die Ursache erkennen könne, bei welchem es immer zweifelhaft bleiben muß, ob die letztere in uns, oder außer uns sei.« (KrV, A 372)

Erscheinungen sind nach Kant alle Gegenstände in Raum und Zeit, auf die wir einen epistemischen Zugriff haben können. Erscheinungen sind dadurch definiert, dass sie auf mögliche Erfahrung bezogen sind, d.h. darauf, dass wir uns ihnen in epistemischer Absicht zuwenden können. Die »*Möglichkeit der Erfahrung* ist also das, was allen unsern Erkenntnissen a priori objektive Realität gibt« (KrV, B 195). Für Erscheinungen gilt also, dass sie unter den Bedingungen stehen, die erfüllt sein müssen, damit sie Gegenstand möglicher Erfahrung sein können. Diese Bedingungen nennt Kant »Bedingungen der *Möglichkeit der Erfahrung* überhaupt« (KrV, B 197). Die Untersuchung dieser Bedingungen ist Aufgabe der sogenannten *Transzendentalphilosophie*.

Im Unterschied zu Erscheinungen sind Dinge an sich dadurch definiert, dass sie sich außerhalb unseres epistemischen Zugriffs befinden. Dabei zeigt sich sogleich, dass Raum und Zeit keine Dinge an sich, also keine Dinge sind, die sich außerhalb unseres epistemischen Zugriffs befinden. Sie sind Kant zufolge vielmehr »reine Anschauungen« (vgl. KrV, B 34 ff.). Dies bedeutet grosso modo, dass wir keine Gegenstände anschauen können, die uns nicht in Raum und Zeit erscheinen, weil Raum und Zeit gleichsam wie eine Brille sind, durch die wir die Welt sehen, wie Heinrich von Kleist in einem berühmten Brief Kants Erkenntnistheorie plakativ verdeutlicht hat.[60] Das Besondere der ›Raum-Zeit-Brille‹ ist allerdings, dass wir sie nicht abnehmen können, da wir andernfalls gar keine Gegenstände mehr sähen. Denn alle Gegenstände erscheinen uns stets als solche, die Bestandteil der Totalität alles raum-zeitlich Ausgedehnten sind. Die Außenwelt ist Kant zufolge also dadurch konstituiert, dass wir sie in Raum und Zeit anschauen, die selbst nicht in der Außenwelt vorkommen, sondern Formen sind, welche die Anschauung einer Außenwelt allererst ermöglichen.

Wenn wir von einer *Außen*welt sprechen, so müssen in der Tat räumliche Unterschiede im Spiel sein. Es gäbe überhaupt keine Außenwelt, wenn es keinen Raum gäbe, in dem sich etwas von etwas anderem dadurch unterscheidet, dass es sich an einer anderen Stelle befindet. Doch auch der Wortbestandteil ›Welt‹ in ›Außenwelt‹ wird von Kant transzendentalphilosophisch umgedeutet. Denn die Welt ist qua Begriff der Totalität ebenfalls kein

Ding, über das wir etwa empirische Erkenntnisse erwerben könnten. Die Totalität alles raum-zeitlich Ausgedehnten ist selbst nichts raum-zeitlich Ausgedehntes. Wir erfahren sie schließlich auch niemals als einen Gegenstand. Denn wie sollte man die Welt von irgendetwas unterscheiden, um sie auf diese Weise zu einem bestimmten Gegenstand der Erkenntnis, d.h. einem Inhalt möglicher Erfahrung zu machen? Die Welt ist demnach kein Ding unter anderen Dingen, sondern gewissermaßen ein Inbegriff, ein Begriff, der uns dazu anleitet, alle Weltzustände als Aspekt eines Weltganzen anzusehen und die Welt nicht als zusammenhangloses Gewirr episodischer Erscheinungen aufzufassen.

Kant drückt dies so aus, dass die Welt ein Vernunftbegriff sei (im Gegensatz zu den Kategorien als Verstandesbegriffen), welcher den Verstand anleite, alle kategorial strukturierten Erfahrungen als Erfahrungen von Weltzuständen anzusehen. Die Welt sei somit die »Idee der absoluten Totalität« (KrV, B 534) und kein Ding im Sinne eines extramentalen Substrats. Kant behauptet daher konsequenterweise, »daß die Dinge, die wir anschauen, nicht das an sich selbst sind, wofür wir sie anschauen, noch ihre Verhältnisse so an sich selbst beschaffen sind, als sie uns erscheinen, und daß, wenn wir unser Subjekt oder auch nur die subjektive Beschaffenheit der Sinne überhaupt aufheben, alle die Beschaffenheit, alle Verhältnisse der Objekte im Raum und Zeit, ja selbst Raum und Zeit verschwinden würden, und als Erscheinungen nicht an sich selbst, sondern nur in uns existieren können« (KrV, B 59).

Demnach gibt es Kant zufolge eine Außenwelt nur dann, wenn es Wesen gibt, denen sie erscheinen kann, da die Außenwelt die Welt der Erscheinungen und nicht der Dinge an sich ist. Eine Außenwelt im Sinne einer Welt an sich kann es hingegen nicht geben, da eine solche Welt nicht die Bedingungen dafür erfüllt, jemandem zu erscheinen. Nur wenn die Welt als Totalität aller raum-zeitlich ausgedehnten Dinge interpretiert wird, gibt es sie – das ist eines der paradox anmutenden Resultate der *Kritik der reinen Vernunft*.

Wenn wir nun aber die Frage stellen, was unabhängig davon der Fall ist oder wirklich ist, dass wir es als Außenwelt erfahren, so stellen wir Kant zufolge letztlich eine sinnlose Frage, indem wir eine notwendige Annahme – nämlich die Annahme, dass es etwas gibt, das uns erscheint – mit einem Ding verwechseln, das unabhängig von seiner Beziehung auf Erscheinungen existiert.

»Alle unsere Vorstellungen werden in der Tat durch den Verstand auf irgend ein Objekt bezogen, und, da Erscheinungen nichts als Vorstellungen sind, so bezieht sie der Verstand auf ein Etwas, als den Gegenstand der sinnlichen Anschauung: aber dieses Etwas ist in so fern nur das transzendentale Objekt. Dieses bedeutet aber ein Etwas = x, wovon wir gar nichts wissen, noch überhaupt (nach der jetzigen Einrichtung unseres Verstandes) wissen können [...]. Dieses transzendentale Objekt läßt sich gar nicht von den sinnlichen Datis absondern, weil alsdenn nichts übrig bleibt, wodurch es gedacht würde. Es ist also kein Gegenstand der Erkenntnis an sich selbst, sondern nur die Vorstellung der Erscheinungen, unter dem Begriff eines Gegenstandes überhaupt, der durch das Mannigfaltige derselben bestimmbar ist.« (KrV, A 250f.)

Das transzendentale Objekt, d.h. dasjenige, was uns erscheint, dasjenige, was die Erscheinung gewissermaßen auslöst (wie auch immer dies genau zu denken sein mag, ist in der Forschung umstritten), ist demnach nur ein notwendiger Gedanke (nicht aber eine Erkenntnis), der sich aus der Grammatik des Vorstellungsbegriffs ergibt: Wenn wir etwas in epistemischer Absicht vorstellen, so stellen wir es nämlich so vor, *als ob* es unabhängig davon existierte, dass wir es vorstellen. Dieses Verhältnis hatten wir oben bereits als Als-ob-Intentionalität kennengelernt (s.o., S. 106).

Ein Aspekt der Als-ob-Intentionalität, eine Variable in ihrer Funktion, ist dabei das jeweilige Ding oder die jeweilige Tatsache, die unabhängig von unserer Bezugnahme auf sie bestehen soll. An dieser Analyse lässt sich erkennen, dass die Funktionsstelle einer unabhängigen Tatsache in der Grammatik des Vorstellungsbegriffs angelegt ist und insofern vom Vorstellungsbegriff aus bestimmt ist. Diese Funktionsstelle nennt Kant an der zitierten Stelle »ein Etwas = x, wovon wir gar nichts wissen« – nicht, weil es okkulte Qualitäten hat, sondern weil es als dasjenige definiert ist, worauf wir uns nicht infallibel beziehen können, d.h. in der traditionellen Sprache des mentalen Repräsentationalismus: als das Außending, das unsere Vorstellungen kausal hervorbringt. Allerdings macht Kant darauf aufmerksam, dass jenes bloß gedachte Etwas gerade nicht als bestimmtes Außending oder gar als Außenwelt gedeutet werden kann, da es Außendinge und die Außenwelt nur als erfahrbare Erscheinungen gibt.

Auf diese Weise vermeidet er den mentalen Repräsentationalismus durch seine transzendentale Umdeutung des Begriffs einer Außenwelt. Die Relate der repräsentationalen Relation werden nicht mehr verteilt an das Ding *außer uns* und die Vorstellung *in uns*, sondern Repräsentation wird als eine bewusstseinsinterne Beziehung gedacht, weil das, was als Gegenstand möglicher Erfahrung und damit intentionaler Bezugnahme gelten kann, vom Bewusstsein selbst konstituiert wird. An die Stelle der dogmatischen Behauptung der Existenz einer bewusstseinsunabhängigen, aber erkennbaren Außenwelt tritt bei Kant die notwendige Annahme eines nur gedachten transzendentalen Objekts. Dieses ist aber lediglich eine notwendige Annahme, eine Variable der Als-ob-Intentionalität, und kein Ding, dessen Existenz infrage steht. Denn die Kategorien der Existenz wie Nichtexistenz finden darauf ex hypothesi keine Anwendung. Wir müssen es annehmen, um unsere Vorstellungen überhaupt als Vorstellungen von etwas auffassen zu können, das sich von der Vorstellung unterscheidet. Wenn wir uns etwa klarmachen, dass die Vorstellung eines Pferdes selbst kein Pferd ist – was wir leicht beweisen können, indem wir daran erinnern, dass wir nicht auf der Vorstellung eines Pferdes reiten können –, so machen wir uns klar, dass es einen generellen Unterschied zwischen Dingen bzw. Gegenständen und Vorstellungen gibt. Dieser Unterschied setzt die Annahme voraus, dass es etwas gibt, das sich von unseren Vorstellungen unterscheidet. Kant macht nun darauf aufmerksam, dass diese Annahme nicht dadurch zustande kommt, dass wir die Welt beobachten. Sie ist also keine empirische Erkenntnis, sondern vielmehr die Voraussetzung dafür, dass wir uns verständlich machen können, was empirische Erkenntnis ist. Das angenommene transzendentale Objekt ist demnach kein bestimmtes Objekt, kein Gegenstand, der uns erscheint, sondern lediglich ein X, eine unbestimmbare Variable zur Erklärung der Objektivität unserer Vorstellungen.

Die nachkantischen Skeptiker und Idealisten haben darin eine radikalisierte Depotenzierung der Annahme einer Außenwelt gesehen. Die Außenwelt wird zu einer notwendigen Annahme erklärt und bleibt dadurch eine Annahme und kein Objekt, dessen Existenz infrage steht. Kant selbst verfolgt freilich keine skeptische Absicht. Er möchte nicht zeigen, dass wir nicht wirklich wissen können, was die Welt an sich ist, weil uns nur eine Welt der Erscheinungen zugänglich ist. Aus diesem Grund unterscheidet er auch strikt zwischen Schein und Erscheinungen (KrV, B 69 f.). Die Welt der Erscheinungen ist kein bloßer Schein. Denn Schein gibt es nur im Unterschied zum Sein. Die Welt der Erscheinungen ist deshalb kein Schein, weil sie kein wahres Sein verdeckt; sie ist vielmehr die einzige Welt, auf die wir uns überhaupt epistemisch beziehen können. Die Rede von einer Hinterwelt, die durch unsere Vorstellungen entweder erfasst wird oder nicht, ist Kant zufolge sinnlos, weil eine solche Hinterwelt keine Welt mehr wäre. Wir können die Welt der Erscheinungen also auch nicht ihres Scheincharakters überführen, weil wir überhaupt keine Möglichkeit haben, etwas zu erkennen, was nicht auf mögliche Erfahrung und damit auf die Welt der Erscheinungen bezogen ist. Der Gegenbegriff zur Erscheinung ist deshalb auch nicht das Sein, sondern das Ding an sich, das transzendentale Objekt, das seinerseits nur eine notwendige Annahme der transzendentalen Rekonstruktion der Bedingungen der Möglichkeit der Erfahrung überhaupt ist.

Kants eigentliches Ziel ist allerdings eine Grenzziehung in praktischer Absicht. Wie er selbst in der Vorrede zur zweiten Auflage der *Kritik der reinen Vernunft* erklärt, muss er »das *Wissen* aufheben, um zum *Glauben* Platz zu bekommen« (KrV, B XXX). Die Struktur des Wissens ist Kant zufolge dadurch bestimmt, dass alle substanzielle Erkenntnis Erkenntnis durch Erfahrung ist. Alles, was wir wirklich wissen können, alles wirkliche Wissen, ist Wissen von Gegenständen in Raum und Zeit, denen wir in Urteilen Prädikate zu- oder absprechen. Alles Wissen ist auf (mögliche) Erfahrung bzw. auf eine Analyse der Möglichkeit der Erfahrung (wie Kants eigenes transzendentales Wissen) bezogen.

Bei dieser Analyse stellt sich nach Kant heraus, dass alle Gegenstände so miteinander verbunden sind, dass sie unter Naturgesetzen stehen, die keinen Raum für Freiheit lassen. Die Welt der Erscheinungen, d.h. die uns epistemisch zugängliche Welt, ist uns nur zugänglich, weil wir damit rechnen, dass natürliche Gegenstände Naturgesetzen folgen. Unser Wissen macht es uns demnach unmöglich, über Gegenstände des religiösen Glaubens zu sprechen, da es solche Gegenstände als Gegenstände des Wissens nicht geben kann. Dennoch ist es möglich, mehr zu glauben und zu verstehen, als wir wirklich erkennen können, weil dasjenige, was wir erkennen können, weniger ist als das, was wir denken können. Denn wir entdecken in der reflexiven Analyse unserer Erkenntnis, dass es neben den epistemisch zugänglichen Erscheinungen auch noch die denknotwendige Annahme eines Dings an sich gibt. Dieses kann zwar in einer wissensförmigen Einstellung niemals zum Gegenstand des Wissens gemacht werden, da es auf diese Weise zu einer Erscheinung würde. Allerdings dient die Begrenzung unserer Wissensansprüche auf Erkenntnis von Erscheinungen dazu, die Möglichkeit zu eröffnen, dass wir selbst als Dinge an sich frei sind, d.h. einen freien Willen haben, dass Gott als Ding an sich die Welt der Erscheinungen geschaffen hat, dass wir als Dinge an sich eine unsterbliche Seele haben usw. Doch all dies kann Kant zufolge nicht erkannt, sondern eben nur geglaubt bzw. gehofft werden. Auf diese Weise beantwortet Kant die drei grundlegenden Fragen der Philosophie: »1. Was kann ich wissen? 2. Was soll ich tun? 3. Was darf ich hoffen?« (KrV, B 833)

Entscheidend ist dabei die Transformation der alten Unterscheidung von Sein und Schein, die Kant als eine transzendentale Distinktion zwischen Ding an sich und Erscheinung reinterpretiert. Denn dies eröffnet zugleich die Möglichkeit einer Theorieform, die durch den bei Kant sichtlich angelegten Primat des Praktischen charakterisiert ist, aber nicht das gesamte Unternehmen seiner Transzendentalphilosophie bestimmt. Unter dem *Primat des Praktischen* versteht man die These, dass die Grenzen unserer Theoriebildung letztlich praktischer Natur sind. Im kantischen Kontext bedeutet dies etwa, dass die Grenzen unserer Erkenntnis von Gegenständen durch die Notwendigkeit bestimmt sind, uns als freie Wesen auffassen zu müssen. Die Theorie muss mit unserem Selbstverständnis als autonome, freie Wesen kompatibel sein. Um uns aber als freie Wesen auffassen zu können, müssen wir eine Grenze zwischen Dingen an sich und Erscheinungen ziehen und die naturwissenschaftliche Erforschung der durchgängig kausal determinierten Strukturen als eine Erforschung der Erscheinungen klassifizieren. Versteht man das kantische Unternehmen auf diese Weise, so trifft es seine Distinktion zwischen Ding an sich und Erscheinung nur deshalb, weil es vom Faktum unserer Freiheit ausgeht, das Kant selbst in seiner *Kritik der praktischen Vernunft* als »Faktum der Vernunft« (KpV, A 56) bezeichnet: Die Vernunft kann nicht umhin, die Möglichkeit der Freiheit anzuerkennen, was sie dazu bringt, eine Theorie zu entwickeln, die zwischen Ding an sich und Erscheinung unterscheidet.

Unabhängig von der weitreichenden Frage, ob man Kants Projekt von einem Primat des Praktischen aus verstehen kann, sind für uns hier lediglich die skeptischen Konsequenzen eines Primats des Praktischen von Relevanz. Diese Konsequenzen hat vor allem *Johann Gottlieb Fichte* (1762-1814) herausgearbeitet, was besonders in seiner Schrift *Die Bestimmung des Menschen* von 1800 deutlich wird, die er selbst als eine Einführung in seine Philosophie verstanden hat. Niemand hat radikaler einen Primat des Praktischen vertreten als Fichte.

Fichtes Schrift über *Die Bestimmung des Menschen* besteht aus drei Kapiteln mit den Überschriften »Zweifel«, »Wissen« und »Glauben«. Im Kapitel über den »Zweifel« zeigt er, dass die Annahme eines durchgängig determinierten Universums in Raum und Zeit, das seiner Erfassung durch erkennende Wesen vorhergeht, in die Aporien des mentalen Repräsentationalismus führt. Dabei schließt er sich weitgehend an Kants Überlegung an, dass wir von der Außenwelt nichts wissen könnten, wenn sie eine Welt an sich wäre. Wenn alles, was wirklich ist, in kausalen Relationen zwischen Gegenständen bestünde, die sich in Raum und Zeit befinden, so könnten wir ex hypothesi nicht wissen, dass alles, was wirklich ist, in kausalen Relationen zwischen Gegenständen besteht. Denn dieses Wissen selbst bezöge sich auf keinen Gegenstand in Raum und Zeit. Die Welt an sich ist nämlich selbst kein Gegenstand in der Welt, sondern eine Bedingung der Möglichkeit dafür, dass wir Gegenstände als bestimmte Gegenstände in der Welt erfassen können. Und auch wer eine Theorie entwirft, der zufolge alles, was wirklich ist, in kausalen Relationen zwischen Gegenständen besteht, ist selbst kein Gegenstand. Der Theoriesprecher unterscheidet sich von den Gegenständen und läuft Gefahr, sich selbst zu vernichten, wenn er diese als das allein Wirkliche definiert.

Außerdem ist unser Wissen darüber, welcher Gegenstand die Ursache für eine bestimmte Vorstellung ist, selbst fallibel, da wir nicht wissen können, welcher Gegenstand die Ursache für eine bestimmte Vorstellung ist, ohne dabei eine Vorstellung des Gegenstands zu haben, den wir für die Ursache der Vorstellung halten. Die Annahme, ein *bestimmter* Gegenstand sei die Ursache einer Vorstellung dieses bestimmten Gegenstands, könnte nur durch einen abduktiven Schluss gerechtfertigt werden, d.h. durch einen Schluss, der aus einer gegebenen Tatsache auf die beste Erklärung für diese Tatsache schließt – wie man etwa beim ersten Blick aus dem Fenster am Morgen aus der Tatsache, dass die Straße nass ist und Wolken am Himmel stehen, darauf schließt, dass es geregnet hat. »Ich bin afficirt, dies weiß ich schlechthin: diese meine Affection muß einen Grund haben: in mir liegt dieser Grund nicht, sonach außer mir: So schließe ich schnell, und mir unbewußt; und setze einen solchen Grund, *den Gegenstand.*« (GA I/6, S. 226)

Doch wenn ich einen Tisch zu erkennen meine, der vor mir steht, dann könnte es sein, dass ich den Tisch lediglich halluziniere oder einer komplizierten Sinnestäuschung zum Opfer falle. In diesem Fall wäre die Ursache meiner Vorstellung eines Tisches kein Tisch, sondern irgendein anderer Vorgang (etwa ein biochemischer Vorgang in meinem Gehirn oder ein Hologramm, das jemand installiert hat). Die Annahme einer Welt an sich hinter unseren Vorstellungen führt also dazu, dass ich mich in einen radikalen Zweifel verstricke und letztlich überhaupt nicht mehr sicher sein kann, irgendetwas zu wissen. »Alle Realität verwandelt sich in einen wunderbaren Traum, ohne ein Leben, von welchem geträumt wird, und ohne einen Geist, dem da träumt; in einen Traum, der in einem Traume von sich selbst zusammenhängt.« (GA I/6, S. 251)

Offenkundig muss es also eine Alternative zur Annahme einer Welt an sich geben. Diese Alternative sieht Fichte aber nicht darin, einen Unterschied zwischen Ding an sich und Erscheinung zu treffen. Vielmehr macht er darauf aufmerksam, dass alle unsere Weltbilder Produkte unserer Freiheit sind. Denn wir können nicht wissen, was die Welt ist, da diese kein Gegenstand des Wissens werden kann. Folglich sind unsere Weltbilder stets Produkte unseres Glaubens, d.h. Annahmen, die über dasjenige hinausgehen, was wir erkennen können. Eine »Uebersicht des Universums« (GA I/6, S. 213f.) steht uns nicht zur Verfügung. »Alle meine Ueberzeugung ist nur Glaube, und sie kommt aus der Gesinnung, nicht aus dem Verstande.« (GA I/6, S. 257)

Fichte drückt diesen Gedanken auch in seinem berühmten Diktum aus, dass die Wahl einer bestimmten Philosophie nicht das Resultat eines kognitiven Prozesses, sondern vielmehr Ausdruck unserer Gesinnung sei:

> »Was für eine Philosophie man wähle, hängt sonach davon ab, was für ein Mensch man ist: denn ein philosophisches System ist nicht ein todter Hausrat, den man ablegen oder annehmen könnte, wie es uns beliebte, sondern es ist beseelt durch die Seele des Menschen, der es hat. Ein von Natur schlaffer oder durch Geistesknechtschaft, gelehrten Luxus und Eitelkeit erschlaffter und gekrümmter Charakter wird sich nie zum Idealismus erheben.« (GA I/4, S. 195)

Die Verbindung von Wissen und Gesinnung, der zufolge es kein Wissen unabhängig davon gibt, als was wir die Welt auffassen wollen, ermöglicht es ihm, alle Theoriebildung unter einen Primat des Praktischen zu stellen. Es geht nicht mehr darum festzustellen, wie die Welt an sich ist, sondern vielmehr darum, sich zu fragen, was wir glauben *sollen*, wie sie ist. Das *Sollen* tritt somit an die Stelle des wahren Seins, dessen Unerkennbarkeit Fichte dem Skeptizismus bereitwillig konzediert:

»Unser Denken ist nicht in sich selbst, unabhängig von unsern Trieben, und Neigungen, gegründet; der Mensch besteht nicht aus zwei nebeneinander fortlaufenden Stücken, er ist absolut Eins. Unser gesammtes Denken ist durch unsern Trieb selbst begründet; und wie des Einzelnen Neigungen sind, so ist seine Erkenntniß. Dieser Trieb nöthigt uns eine gewisse Denkart auf, nur solange als wir den Zwang nicht erblicken: aber der Zwang verschwindet, sobald er gesehen wird; und er ist nun nicht mehr der Trieb, der durch sich, sondern wir selbst sind es, die zufolge des Triebs unser Denken bilden.« (GA I/6, S. 259)

Fichte akzeptiert also die Lektion der epistemologischen Skepsis: Wir können nicht wissen, wie die Welt an sich ist, da die Annahme einer Welt an sich bereits ihre Unerkennbarkeit mit sich brächte. Daraus schließt er aber, dass eine andere Form der Theoriebildung möglich sein muss, die nicht mehr metaphysisch denkt, d.h. eine Theoriebildung, die von vornherein die Differenz von Sein und Schein unterminiert. Diese Theoriebildung ist durch und durch praktisch, indem sie alles Wissen durch Glauben ersetzt und den Glauben an dem Maßstab seiner Moralität bemisst: »Du hast der Strenge nach kein *Bewußtseyn der Dinge*, sondern nur *ein* (eben durch das Herausgehen aus deinem wirklichen Bewußtseyn vermittelst des Satzes vom Grunde erzeugtes) *Bewußtseyn von einem* (seynsollenden, und an sich nothwendigen, wenn gleich dir nicht zukommenden) *Bewußtseyn der Dinge*.« (GA I/6, S. 228)

Fichte untersucht deshalb, was wir glauben sollen, und begründet diese theoretische Einstellung, indem er der epistemologischen Skepsis einräumt, dass die Welt an sich uns verborgen ist. Dies ermöglicht eine innovative Theorieform, an der Fichte Zeit seines Lebens gearbeitet hat. Zentral ist dabei Kants These, dass die Welt keine Außenwelt im gewöhnlichen Sinne, sondern eine regulative Idee sei, die unsere Welterkenntnis anleitet. Allerdings meint Fichte, dass es verschiedene Weltbegriffe gebe, die er in seiner Spätphilosophie als »Weltansichten« bezeichnet (vgl. dazu seine Schrift *Anweisung zum seligen Leben* von 1806).

In diesem Kontext ist nun insbesondere die Position des amerikanischen Philosophen *Stanley Cavell* (geb. 1926) interessant, der sich (im Ausgang von Wittgenstein) ausführlich mit dem Problem des Skeptizismus beschäftigt hat.[61] Stanley Cavell sieht die »Wahrheit des Skeptizismus« (the truth of skepticism) darin, dass die Welt im Ganzen kein möglicher Gegenstand für ein Wissen sein kann, weshalb unsere Einstellung zur Welt im Ganzen auch nicht die eines objektiven Wissens sein kann.[62] Die Welt als Welt ist selbst kein Gegenstand, d.h., sie ist kein bestimmter Inhalt eines objektiven Wissens. Denn alles objektive Wissen ist zumindest Wissen von etwas, das sich von anderem angebbar unterscheiden lässt, indem es zu allem anderen in prädikativ nachvollziehbaren Inklusions- und Exklusionsrelationen steht. Wenn wir wissen wollen, was ein bestimmtes Objekt ist, so müssen wir ihm Eigenschaften zusprechen, mittels deren wir es von anderen Objekten unterscheiden können. Dies tun wir, indem wir Prädikate wie etwa ›ist rot‹, ›führt nach Verzehr zu Magenschmerzen‹ usw. verwenden.

Zwar sind wir, wie Kant gezeigt hat, genötigt, ein Ganzes als Einheitshorizont zu antizipieren, innerhalb dessen alles sich von allem anderen unterscheidet und ipso facto begrifflich, d.h. durch seine Prädikate, bestimmt ist. Dieses Ganze können wir aber epistemisch nicht einholen. Das Ganze ist vielmehr als uneinlösbares Regulativ unserer Welterkenntnis selbst konstitutiv unwissbar. Die ultimative Möglichkeitsbedingung dafür, dass Wissen von etwas vorliegen kann, konfrontiert uns deshalb jederzeit mit einem nicht zu behebenden Nichtwissen um das Ganze.

Cavell schließt sich grundsätzlich an diese kantische Einsicht an, deren Akzentsetzung er allerdings verschiebt. Indem bei Kant die Idee eines Weltganzen (die Kant zufolge zur Idee Gottes führt) ihren eigentlichen Ort in der *praktischen* Philosophie habe, zeige Kant, dass wir uns zur Welt *als* Welt nicht so verhalten, dass wir etwas über sie *wissen*. Unser In-der-Welt-sein sei notwendig nichtepistemisch, da die Welt kein Gegenstand unter anderen sei. Kants kritische Intention der Begrenzung des menschlichen Wissens sieht Cavell folgerichtig darin, zu »demonstrieren, daß Wissen nicht in dem Sinn begrenzt ist, daß es sich ihm entziehende *Dinge* gibt [...]. Kants Idee von Gott soll dies darlegen: daß ich, wenn ich ein vernünftiges Wesen bin, eine Beziehung zur Wirklichkeit habe und haben muß, die nicht eine des Wissens ist.«[63]

Die Lektion, die uns der Skeptizismus erteilt, ist Cavell zufolge also, dass unser Verhältnis zur Welt im Ganzen nicht theoretisch und damit kein Wissen sein kann. Die Welt im Ganzen ist kein Gegenstand, der entweder existiert oder nicht existiert und dessen Existenz man sich gegen etwaige skeptische Zweifel versichern müsste. Die Erkenntnistheorie selbst ist Cavell zufolge vielmehr als das vergebliche Projekt angelegt, unsere Erkenntnis der Welt zu erkennen, was dazu führe, die Welt als Erkenntnisgegenstand zu distanzieren und sie anzusehen, »als wäre sie ein weiteres *Objekt*«[64].

Nach Cavell korrespondiert der Skeptizismus einem zutiefst humanen Wunsch, »seine Menschlichkeit zu verneinen«[65]. Dies verdeutlicht er durch die folgende Überlegung: Wenn die cartesische Skepsis uns zeigt, dass wir nicht wissen können, ob es eine Außenwelt gibt bzw. welche Objekte die Ursache unserer Vorstellungen sind, so zeigt sie auch, dass wir nicht wissen können, ob unsere Mitmenschen überhaupt Mit*menschen* oder nicht vielmehr humanoide Roboter ohne Seele, Halluzinationen oder Hologramme sind. Handelte man aber ernsthaft so, als ob alle Mitmenschen humanoide Roboter ohne Seele wären, so verwandelte man sich selbst in ein humanoides Monster. Die gelebte cartesische Skepsis führt zu einem radikalen *Problem des Fremdpsychischen*, das Cavell als »Seelenblindheit« bezeichnet: »Wenn es Sinn ergibt, davon zu sprechen, Menschen als Menschen zu sehen, dann ergibt die Vorstellung Sinn, daß einem Menschen die Fähigkeit abgehen könnte, Menschen als Menschen zu sehen. Die Frage, ob jemand seelenblind sein könnte, würde Sinn ergeben.«[66]

Der Seelenblinde lebt seine cartesische Skepsis aus, indem er seine Mitmenschen lediglich als eine mögliche Interpretation seines phänomenalen Zustandes behandelt. Seine Mitmenschen werden zu Phänomenen, die ihm erscheinen, ohne dass sichergestellt werden könnte, ob sie wirklich Mitmenschen sind. Auf Dauer führt diese Einstellung zur Seelenblindheit, die eine Kur gegen die Skepsis erforderlich macht. Diese Kur kann allerdings nicht durch eine Widerlegung des Skeptizismus im Sinne einer Widerlegung seiner logischen Operationen gelingen, da der Skeptizismus Cavell zufolge eher eine praktische Haltung als ein epistemologisches Problem darstellt: »Nichts ist menschlicher als der Wunsch, seine Menschlichkeit zu verneinen oder sie auf Kosten anderer zu behaupten. Sollte der Skeptizismus aber das enthalten, dann läßt er sich durch einfache ›Widerlegungen‹ wohl nicht bekämpfen. *Auch* über die Vorstellung, daß eine philosophische Position einfach ›widerlegbar‹ ist, macht Nietzsche sich lustig.«[67]

Der Skeptizismus ist Cavell zufolge also kein harmloses, rein theoretisches Problem, das man mit einigem akrobatischen Scharfsinn lösen kann, was etwa Putnam versucht hat, der viele Jahre lang Kollege Cavells in Harvard war. Es geht vielmehr darum, eine bestimmte Haltung zur Welt und zu anderen daraufhin zu untersuchen, welche Existenz, welche Lebensform ihr entspricht. Dabei resultiere der Skeptizismus aus »einem konkreten Erlebnis, das sich uns Menschen aufdrängt«[68], eine Erfahrung, die Cavell auch als »initiierende Erfahrung« (S. 278, 304 f., 377) bezeichnet. In diesem Zusammenhang spielt er offenkundig auf Platons berühmtes Diktum an, die Philosophie entspringe dem Staunen (vgl. Tht. 155d3), einem »astonishment« (S. 141 der Originalausgabe). Dieses Staunen ist die Erfahrung mit der Sprache, die uns gewissermaßen durch ihre Konventionen gefangen nimmt, was Cavell auch als »Despotie der Konventionen« (S. 218) bezeichnet:

> »Meine Hauptthese zur originären Frage des Philosophen – z.B. ›(Wie) können wir irgend etwas über die Welt wissen?‹ oder ›Was ist Wissen? Worin besteht mein Wissen über die Welt?‹ – ist die, daß diese Frage (in dieser oder jener Form) eine Reaktion auf oder ein Ausdruck für ein konkretes Erlebnis ist, das sich uns Menschen aufdrängt [...] Sie ist keine Reaktion auf Fragen, die sich im Alltagsleben stellen, in einer Sprache, die jeder, der diese Sprache beherrscht, auch als normal akzeptieren würde. Aber sie ist, so könnte ich es ausdrücken, eine Reaktion, in der ein natürliches Erlebnis eines Geschöpfes zum Ausdruck kommt, das kompliziert oder belastet genug ist, um überhaupt eine Sprache zu besitzen.«[69]

Diese Erfahrung drückt sich nach Cavell auch in der metaphysischen Grundfrage aus, warum es überhaupt etwas gibt und nicht vielmehr nichts (S. 400). Die Philosophie beginne also mit der Entdeckung des »Mysteriums der Existenz oder des Seins der Welt« (ebd.), ein Mysterium, das insbesondere Wittgenstein und Heidegger beschäftigt hat.

Dieses Mysterium resultiert Cavell zufolge aus der Erfahrung der Fragilität der Sprache und ihrer Konventionen. Denn in dem

Augenblick, wo wir uns vor den semantischen Nihilismus (s.o., S. 106 f., 111, 126 f.) gestellt sehen, eröffnet sich die Möglichkeit einer Sinnlosigkeit und Kontingenz des Ganzen. Wir entdecken, dass unsere Sprache »auf einem dünnen Netz über dem Abgrund« ruht (S. 304). Dieser Abgrund der Sinn- und Grundlosigkeit wird durch Konventionen verdeckt, die insgesamt unsere gelebte Alltäglichkeit konstituieren.

Cavell geht es nun gerade nicht darum, unsere gelebte Alltäglichkeit zu denunzieren, um etwa nachzuweisen, dass wir eigentlich vor dem Abgrund des semantischen Nihilismus stehen. Er verfolgt vielmehr das pyrrhonische Projekt, den Alltag zu retten und ihn als eine genuin humane Leistung auszuzeichnen. Denn die Idee einer gelebten Alltäglichkeit erweist sich gerade in der Auseinandersetzung mit dem Skeptizismus als ein humanes Ideal, das verfehlt wird, wann immer Menschen den semantischen Nihilismus als gelebte cartesische Skepsis praktizieren:

> »Der Wunsch, außerordentlich, außergewöhnlich, einzigartig zu sein, enthüllt sich so als der Wunsch, gewöhnlich, alltäglich zu sein. (Schließlich wünscht man sich auch nicht, ein Ungeheuer zu werden, auch wenn die Verwirklichung des Wunsches nach Einzigartigkeit einen zu einem Ungeheuer machen würde.) Daher sind sowohl der Wunsch nach dem Außergewöhnlichen wie nach dem Gewöhnlichen Brennpunkte der Romantik. Man könnte die Romantik als die Entdeckung bezeichnen, daß das Gewöhnliche eine außergewöhnliche Leistung ist. Nennen wir es die Leistung des Menschlichen.«[70]

Cavell weist also ähnlich wie Wittgenstein und Rorty die cartesische Skepsis in ihre Schranken, da sie die Grenzen der menschlichen Endlichkeit überschreite. Dies sei allerdings letztlich unmöglich. Daher überschreitet der Skeptiker die Menschlichkeit nicht etwa theoretisch neutral, sondern stets so, dass er zu einem Monster wird, das in der wiederholten Formulierung des semantischen Nihilismus allmählich den Boden der gelebten Alltäglichkeit unter den Füßen verliert.

Cavell meint offensichtlich, dass es keine philosophische Theoriebildung gibt, die sich nicht als Lebensform, d.h. als gelebte Alltäglichkeit, artikuliert. Wenn dies auch für die cartesische Skepsis gilt, so ist es legitim, diese auf ihren Nutzen und Nachteil für das Leben hin zu untersuchen, also eine Art *Existenzialanalyse* des Skeptizismus zu betreiben. Die Existenzialanalyse des Skeptizismus zeigt, dass der Skeptiker schnell zum Monster wird, d.h. aus der Tyrannei der Konventionen ausbricht, ohne eine bessere Lebensform anbieten zu können. Dem Skeptiker sei zwar recht zu geben, wenn er uns auf die Endlichkeit semantisch kompetenter, also sprachbegabter Wesen hinweist. Schließlich akzeptiert Cavell ja jene Wahrheit des Skeptizismus, der zufolge die Welt im Ganzen und damit auch unser Wissen im Ganzen kein Gegenstand des Wissens werden kann. Wir sind immer darauf angewiesen, auf eine bestimmte Weise in der Welt zu sein, d.h. eine bestimmte Auslegung des Sinns des Ganzen in Anschlag zu bringen, obwohl keine bestimmte Auslęgung epistemisch verantwortlich, d.h. durch kognitive Operationen zustande gekommen ist. Unser Verständnis der Stellung des Menschen im Kosmos ist epistemisch letztlich stets ungedeckt, weil alles anders sein könnte, als es uns erscheint. Darin besteht die »Tiefe der Kontingenz« (S. 393).

Allerdings führt uns dies nicht zur klassischen Metaphysik und ihrer Suche nach dem wahren Sein zurück. An die Stelle des wahren Seins tritt nämlich auch für Cavell unsere Zugehörigkeit zu einer Gemeinschaft und die entsprechende Anstrengung, die humane Errungenschaft gelebter Alltäglichkeit nicht zu verzerren. Wenn alles kontingent ist, so kann man sich auch in seine Gemeinschaft einfinden, da es kein transzendentes Ziel, kein *summum bonum* geben kann, an dem man die Regeln, die Konventionen der Gemeinschaft bemisst.

Diese Position ist zutiefst pyrrhonisch, wenn sie auch auf anderen Wegen begründet wird. Cavell wendet sich nicht gegen eine bestimmte Erkenntnistheorie, sondern gegen das Projekt der Erkenntnistheorie überhaupt, hinter welchem er das skeptische Streben nach Transzendenz, nach einem Überstieg über die Gemeinschaft angelegt sieht. Doch dieser Überstieg scheitert daran, dass er sich auf gar nichts mehr beziehen kann, worin Cavell dem Skeptiker recht gibt, da die Totalität, das Ganze des Seienden, kein Objekt, d.h. gar nichts Bestimmtes, kein Gegenstand des Wissens sein kann. Die Umstellung des theoretischen Standpunkts von der Erkenntnistheorie auf eine Art Existenzialanalyse erprobt Cavell vor allem in seiner Auseinandersetzung mit Shakespeare, der Ontologie des Films und überhaupt in seiner Praxis des »cultural criticism«.[71]

Zusammenfassend kann man feststellen, dass in der Bewegung von Kant zu Cavell die tragische Dimension des Wissens in der Auseinandersetzung mit der Skepsis wieder hervortritt. Insbesondere Cavell verweist in seiner Shakespeare-Lektüre auf die Struktur der Tragödie, um das Scheitern des Wissens an seinen Grenzen zu illustrieren. Cavells Existenzialanalyse des Skeptikers versteht diesen als eine tragische Figur, die vergeblich versucht, sich über die Grenzen des Humanen, über die Endlichkeit zu erheben, um von einem überlegenen neutralen Standpunkt aus das Scheitern des Wissens zu beobachten. Doch dieser Überstieg scheitert selbst, und so ist gerade der Skeptiker tragisch, weil er kein Bewusstsein seiner eigenen Grenzen mehr hat. Die Skepsis ist eine hybride Bewegung, ein gefährlicher Überstieg über das Humane, vor dem Cavell warnt. Damit entdeckt er die praktische Dimension des Problems der Skepsis wieder, die in der antiken Skepsis durch ihre Epistemologisierung seit Platon verschüttet und im Kontext der pyrrhonischen Skepsis ansatzweise wiederentdeckt wurde. An die Stelle der cartesischen Skepsis tritt eine Neuauflage der pyrrhonischen Skepsis.

4. Der amerikanische Neo-Pyrrhonismus

Cavells Verteidigung der gelebten Alltäglichkeit gegen die Erkenntnistheorie ist freilich nicht die einzige Form eines Neo-Pyrrhonismus. Schließlich gibt es neben Cavell, der sich nicht explizit mit der antiken Skepsis auseinandersetzt, eine ganze Reihe von Erkenntnistheoretikern, die sich selbst als Neo-Pyrrhoniker bezeichnen würden. Dazu gehören insbesondere die beiden amerikanischen Philosophen *Robert J. Fogelin* (geb. 1932) und *Michael Williams* (geb. 1947).

Fogelin entwickelt seinen Neo-Pyrrhonismus vor allem in seinem 1994 erschienenen Buch *Pyrrhonian Reflections on Knowledge and Justification.*[72] Er unterschiedet zunächst zwei grundsätzliche Formen des Skeptizismus, nämlich einen *philosophischen* und einen *antiphilosophischen Skeptizismus* (vgl. S. 3). Unter Letzteren subsumiert Fogelin vor allem den pyrrhonischen Skeptizismus: »In seiner Spätform setzt der Pyrrhonische Skeptizismus sich selbst widerlegende philosophische Argumente ein, welche die Philosophie zum Angriffspunkt haben.« (S. 3) Vor diesem Hintergrund versteht er die pyrrhonische Ataraxie als »blutlosen Quietismus« (S. 4), der sich freilich nicht als kohärente Position vertreten und argumentativ ausweisen lasse. Nur durch Dekonstruktion des Dogmatismus könne eine pyrrhonische Lebensform (vgl. S. 195) jenseits des verfehlten Strebens nach Letztbegründung indirekt motiviert, aber niemals direkt begründet werden. »Der Pyrrhonismus läßt keine direkte Rechtfertigung zu. Er scheint vielmehr die folgende merkwürdige Eigenschaft zu haben: Sollte er wahr sein, so kann man nicht begründetermaßen behaupten, dass er wahr ist.« (S. 10)

Wie der Titel des Werks bereits ankündigt, deutet Fogelin den pyrrhonischen Skeptizismus primär als ein Problem der Rechtfertigung, das er an Agrippas Trilemma festmacht. Es sei unmöglich, Wissensansprüche auf dogmatische Behauptungen zurückzuführen. Denn alle Wissens*ansprüche* stehen qua Wissensansprüche unter einer Verteidigungsverpflichtung.[73] Wenn jemand beansprucht zu wissen, dass p, so ist er auf kritische Nachfrage hin verpflichtet, seinen Wissensanspruch zu verteidigen, sofern dieser auf eine anerkennbare Weise, d.h. aufgrund berechtigter Zweifel, herausgefordert wird. Dies bedeutet, dass wir nichts als Wissen anerkennen, wenn es nicht durch eine relevante Alternative zu p, sagen wir q, ausgeschlossen werden kann (was nicht impliziert, dass man *alle* Alternativen vorab durchgehen muss). Wer etwa zu wissen beansprucht, dass sein Flug nach New York um 16 Uhr mitteleuropäischer Zeit von Frankfurt aus startet, ohne ausschließen zu können, dass der Flug wegen heftiger Schneestürme in Frankfurt abgesagt worden sein könnte, von denen er soeben informiert worden ist, von dem dürften wir kaum geneigt sein zu behaupten, er wüsste, dass sein Flug nach New York um 16 Uhr mitteleuropäischer Zeit von Frankfurt aus startet. Die Verteidigungsverpflichtung ist fester Bestandteil der sogenannten Standardanalyse des Wissensbegriffs, der zufolge mindestens drei notwendige (wenn auch anscheinend nicht hinreichende) Bedingungen erfüllt sein müssen, damit ein Fall von Wissen vorliegen kann:

(1) *Überzeugungsbedingung*: S (das Subjekt, das den Wissensanspruch erhebt) ist der Überzeugung, dass p.
(2) *Wahrheitsbedingung*: p (d.h. dasjenige, von dem S überzeugt ist, ist der Fall, da man nichts Falsches wissen kann, es sei denn man weiß, dass es falsch ist).
(3) *Rechtfertigungsbedingung*: S' Überzeugung, dass p, muss berechtigt bzw. gerechtfertigt sein.

Ohne auf die Details der Frage einzugehen, wie genau man die drei genannten Bedingungen am besten formulieren sollte, kann man mit Fogelin darauf bestehen, dass das eigentliche skeptische Problem, auf welches die antike Skepsis insgesamt hingewiesen hat, ein Problem der Rechtfertigung ist. Dementsprechend meint Fogelin auch, man könne die cartesische Skepsis letztlich auf die pyrrhonische zurückführen (S. 121). Das cartesische Außenweltproblem besteht in Fogelins Diagnose schließlich darin, dass wir keine Überzeugungen über irgendetwas *rechtfertigen* können, das die Ursache unserer Überzeugungen ist, weil nur Überzeugungen Überzeugungen rechtfertigen können, während Ursachen Wirkungen haben, Überzeugungen qua normative Dispositionen aber keine Wirkungen, d.h. keine rein faktischen Zustände, sind. Überzeugungen unterscheiden sich von rein kausal hervorgerufenen Wirkungen dadurch, dass sie sich rechtfertigen lassen, d.h., dass sie dem *Spiel des Gebens und Verlangens von Gründen* zugehören, um einen zentralen Terminus des Philosophen Robert Brandom (geb. 1950) aufzugreifen. Wenn wir jemanden etwa mithilfe einer Maschine, die wir an sein Gehirn anschließen, dazu bringen würden, eine bestimmte Überzeugung zu haben, so hätten wir ihn nicht überzeugt, sondern manipuliert; er hätte die Überzeugung nicht dadurch erworben, dass er bestimmte Gründe angehört und überprüft hätte. Der epistemische Begriff der Überzeugung ist normativ in dem Sinne, dass jemand, der eine bestimmte Überzeugung hat, auf ein bestimmtes Verhalten verpflichtet ist, das im allgemeinen durch Regeln epistemischer Verantwortlichkeit vorgezeichnet ist. Ein einfaches Beispiel mag diesen Punkt illustrieren. Wenn unser Nachbar uns mitteilt, dass am Morgen die Polizei bei uns geklingelt hat, und wir uns fragen, was das zu bedeuten hat, so rechnen wir gewissermaßen wie im Schach verschiedene mögliche Varianten durch, etwa

(1) Unser Nachbar lügt, da er uns verunsichern möchte. Er denkt, unser Verhalten sei eigentlich strafwürdig und möchte uns deshalb an uns selbst zweifeln sehen.
(2) Die Polizei war da, weil wir vor einigen Tagen einen Fahrradunfall hatten, den wir zur Anzeige gebracht haben.
(3) Die Polizei war da, weil sie seit einiger Zeit einem Dieb auf der Spur ist, der bei unserem Nachbarn eingebrochen ist usw.

Es gibt schier unendlich viele Gründe dafür, dass der Nachbar uns die Information gibt, die Polizei sei dagewesen, ebenso wie es schier unendlich viele Gründe dafür gibt, dass die Polizei da war, wenn sie denn da war. Sie könnte sich etwa auch bloß in der Klingel oder in der Haustür geirrt haben. In dem Augenblick, in dem wir beanspruchen zu wissen, dass die Polizei da war, weil das und das der Fall ist, legen wir uns auf eine bestimmte Variante fest. Diese Festlegung geschieht allerdings nicht so, dass wir alle Möglichkeiten bedacht und die falschen mühselig widerlegt hätten. Die meisten Möglichkeiten liegen so fern, dass wir sie gar nicht in Betracht ziehen. Daher kann es keine Anforderung an den Wissensbegriff sein, *alle* Alternativen zu einer bestimmten Sachlage vorab durchzugehen, um berechtigterweise zur Überzeugung zu gelangen, dass p. Alles Wissen findet vielmehr im notwendig endlichen Spiel des Gebens und Verlangens von Gründen, d.h. im Rahmen bestimmter justifikatorischer Praktiken statt.

In diesem Zusammenhang unterscheidet Fogelin zwischen dem Ideal »epistemischer Verantwortlichkeit« (*epistemic responsibility*) und jenem einer »adäquaten Begründung« (*adequate grounding*) (S. 21). Beide Ideale sind Explikationen der Rechtfertigungsbedingung. Das Ideal epistemischer Verantwortlichkeit sieht die für Wissen notwendige Rechtfertigung darin, dass »S auf gerechtfertigte Weise zur Überzeugung kam, dass p«, während das

Ideal adäquater Begründung vorsieht, dass »S' Gründe die Wahrheit von p sicherstellen« (S. 21). Fogelin meint nun, beide Ideale könnten so kombiniert werden, dass wir die notwendigen und hinreichenden Bedingungen für Wissen erhalten. Es genüge für Wissen nicht, dass jemand sich epistemisch verantwortlich verhalte, wenn die Gründe, die er dabei in Betracht zieht, nicht hinreichen, um die Wahrheit von p sicherzustellen. Er schlägt deshalb vor, die einzeln notwendigen und zusammen hinreichenden Bedingungen für Wissen folgendermaßen zu formulieren (vgl. S. 28):

(1) S ist der Überzeugung, dass p.
(2) p.
(3) S kam gerechtfertigterweise zu der Überzeugung, dass p, wobei er Gründe in Betracht gezogen hat, die sicherstellen, dass p.

Die skeptische Attacke greift weder die Wahrheit noch die Überzeugung der betroffenen Subjekte an. Was sie zeigt, ist allein die Endlichkeit der justifikatorischen Praktiken, d.h. die Endlichkeit des Spiels des Gebens und Verlangens von Gründen überhaupt. Denn »unsere epistemischen Aktivitäten werden durch Parameter verwaltet, welche Weite und Tiefe der Untersuchung kontrollieren« (S. 80). Damit vertritt Fogelin einen Kontextualismus im oben erläuterten Sinne, dem zufolge es von einem Kontext abhängt, in dem man seinen Wissensanspruch erhebt, ob man etwas weiß.

Fogelin unterscheidet drei Typen des Zweifels: (1) *hyperbolische*, (2) *ausräumbare, aber unpraktische Zweifel* und (3) *ausräumbare legitime Zweifel* (S. 90 ff.). Hyperbolische Zweifel sind Zweifel, die durch skeptische Szenarien ausgelöst werden und deren Wahrheitswert sich prinzipiell nicht eruieren lässt, weil sie dadurch definiert sind, dass sie mit unseren justifikatorischen Strategien weder verifiziert noch falsifiziert werden können. Ein Beispiel ist etwa das eines ›Schmologramms‹: Ein Hologramm (z.B. eines blauen Würfels), das genau dann zu einem handfesten Ding in Raum und Zeit wird, wenn wir ein epistemisches Verfahren darauf anwenden (genau hinsehen, es antasten etc.), kann man – ein arbiträres Zeichen – ein ›Schmologramm‹ nennen. Timothy Williamson spricht in einem ähnlichen Zusammenhang von »sich entziehenden Objekten (*elusive objects*)«[74]. Ein Beispiel für einen ausräumbaren, aber unpraktischen Zweifel läge vor, wenn man sich fragte, ob möglicherweise mehr als dreißig Prozent der Uhu-Population in deutschen Wäldern klug konstruierte Roboter sind, welche die Regierung im Wald installiert hat, um vom Uhu-Sterben abzulenken. Legitime Zweifel schließlich »werden aus einer epistemischen Praxis heraus definiert. Ein legitimer Zweifel ist ein Zweifel, den wir in Betracht ziehen und ausräumen *sollten*, bevor wir unseren Wissensanspruch erheben.« (S. 93)

Nun ist alle Rechtfertigung aber an kontextuelle Standards, d.h. an eine justifikatorische Praxis, gebunden. Diese Standards selbst können niemals vollständig zum Gegenstand einer weiteren justifikatorischen oder zum Inhalt der ursprünglichen justifikatorischen Praxis werden. Dies kann man sich anhand eines einfachen Vergleichs verdeutlichen. So wie ein Thermometer lediglich die Temperatur misst, ohne dabei zu messen, dass es nicht die Uhrzeit misst und nicht die Entfernung der Sonne zum Mond angibt usw., räumen bestimmte justifikatorische Praktiken jeweils bestimmte Zweifel als legitim ein. Ebenso wie es falsch wäre, in einer kosmischen Situation, in der es nur Thermometer gäbe, darauf zu schließen, dass es in der Umwelt der Thermometer nur Temperatur gibt, ebenso wäre es falsch, im Ausgang von einer bestimmten justifikatorischen Praxis darauf zu schließen, dass nur diese und jene Zweifel legitim sind. Die Beschreibung bestimmter oder gar aller uns bekannter justifikatorischer Praktiken würde uns niemals darüber unterrichten, welche Zweifel wirklich legitim sind und welche nicht, wenn wir keinen unabhängigen wissensförmigen Zugriff auf die Welt hätten. Aus Fogelins Wissensbegriff folgt nun, dass wir nichts wissen können, was wir nicht innerhalb einer bestimmten justifikatorischen Praxis vorbringen und verteidigen können, so dass wir letztlich stets zu viel behaupten, wenn wir zu wissen behaupten, dass p. »Wenn wir Wissensansprüche erheben, so behaupten wir immer (oder fast immer) mehr als dasjenige, das wir mit Recht behaupten können.« (S. 94) Denn wir verlassen uns auf die Einstellung unserer Registraturen, ohne irgendeinen Zugriff auf die Umwelt an sich zu haben, die allerdings dergestalt sein könnte, dass sie unsere Registraturen insgesamt in die Irre führt.

Dem Neo-Pyrrhonismus zufolge sind radikale skeptische Zweifel keine hyperbolischen Zweifel, die uns in die cartesische Skepsis treiben. Radikale Zweifel sind vielmehr Zweifel, die sich aus der Lektion der Endlichkeit aller justifikatorischen Praktiken ergeben: »Radikale skeptische Zweifel können auch ohne Berufung auf skeptische Szenarios erhoben werden. Skeptische Zweifel sind stets da, um aufgegriffen zu werden, von jedem, der zurücktritt und unsere gewöhnlichen justifikatorischen Praktiken zum Gegenstand seiner Untersuchung macht.« (S. 200)

Versteht man den pyrrhonischen Skeptizismus auf diese Weise, so lässt sich erkennen, dass es dem Skeptiker letztlich um eine Analytik der Endlichkeit geht. Der Skeptiker unterrichtet uns über unsere Endlichkeit und schränkt demnach den Wunsch nach einem transzendenten Grund unserer Praktiken ein. Wir können die sozial verhandelten Standards der Rechtfertigung nicht ohne große theoretische Schwierigkeiten überschreiten, um sodann (zu allem Überfluss) gar noch mit Regeln für unsere Praktiken aus der Transzendenz zurückzukehren. »Die Pointe des

Pyrrhonischen Skeptizismus besteht darin, alle solche Züge zurückzuweisen, die versuchen, unsere gemeinsamen justifikatorischen Vorgänge zu überschreiten, anstatt sie zu verbessern oder zu vollenden.« (S. 89)

Mit Fogelin lässt sich also ein Erkenntnisgewinn aus der Auseinandersetzung mit dem pyrrhonischen Skeptizismus ziehen, der in einer reflexiven Einsicht in unsere Endlichkeit besteht. Fogelin geht allerdings nicht so weit, diese reflexive Einsicht wiederum konsequent auf ihre Struktur hin zu untersuchen, was das Projekt der Transzendentalphilosophie unter veränderten Vorzeichen reaktualisieren würde. Er betont zwar, dass der Pyrrhonismus nicht behauptet werden kann, führt diesen Gedanken allerdings nicht weiter aus. Die Frage, die sich ansonsten stellte, wäre nämlich, ob das Wissen um die Endlichkeit selbst endlich ist oder nicht. Wäre es nicht endlich (d.h. in irgendeinem Sinne unendlich, unbedingt oder absolut), so müsste man einen Wissensbegriff einführen, der nicht an kontingente Parameter der Rechtfertigung gebunden ist. Ein solches nicht auf Rechtfertigung angewiesenes Wissen dessen, was endliches Wissen ist, nannten etwa Fichte und Schelling »intellektuelle Anschauung«[75]. Wäre das Wissen um die Endlichkeit hingegen endlich, so stellte es sich selbst unter den Vorbehalt der Revidierbarkeit, d.h., es würde behaupten, dass Wissen nicht notwendig endlich ist. Das Wissen um die Endlichkeit könnte sich selbst täuschen. Dieses Problem diskutieren die zeitgenössischen Neo-Pyrrhoniker bisher allerdings nicht ausführlich.

Neben Fogelin ist der amerikanische Philosoph *Michael Williams* der wichtigste Neo-Pyrrhoniker und Verfechter einer Form des Rechtfertigungs-Kontextualismus. Seine drei wichtigsten Arbeiten sind die Bücher *Groundless Belief*, *Unnatural Doubts* und *Problems of Knowledge*.[76] Wie Fogelin begreift auch Williams das Problem der radikalen Skepsis als »die These, dass man niemals berechtigt ist, von irgendetwas überhaupt überzeugt zu sein«[77]. Erkenntnistheoretische Positionen lassen sich Williams zufolge insgesamt als Antworten auf die Gefahr der radikalen Skepsis und damit als Theorien der Rechtfertigung verstehen (S. 9). Damit schlägt Williams eine pragmatistische Strategie ein, was ihn neben den amerikanischen Philosophen Robert Brandom und Richard Rorty zu einem der Hauptvertreter des amerikanischen Neopragmatismus macht, der grosso modo eine Umstellung von Wahrheits- auf Behauptbarkeitsbedingungen unternimmt. Es geht nicht mehr um die Wahrheitsbedingung(en) von Wissenszuschreibungen, sondern vielmehr um die bescheidenere Frage, unter welchen Bedingungen wir einen Wissensanspruch anerkennen. Die neopragmatistischen Theorien des Wissens drehen sich insgesamt um die Frage, unter welchen Umständen wir anerkennen, dass jemand zur Behauptung des Wissens berechtigt ist, dass p. Dies eröffnet eine aussichtsreiche antiskeptische Strategie, welche die Skepsis in ihre eigene Begründung einbauen kann. Dem Skeptiker wird partiell Recht gegeben. Denn er zeige, dass Wissen nicht auf einem unerschütterlichen Fundament (etwa unfehlbar gegebenen Sinnesdaten, unmittelbarer Erfassung der Außenwelt oder dergleichen) beruhen könne. Ansonsten stellt sich nämlich das Problem von Agrippas Trilemma, wie Williams wiederholt einschärft.[78] Wie steht es nämlich um die Rechtfertigung des vermeintlichen Fundaments des Wissens selbst? Bedürfte dieses selbst einer Rechtfertigung, wie sollte dies möglich sein, da es selbst der »nicht zu rechtfertigende Rechtfertiger« unserer wahrheitsfähigen Überzeugungen ist? Bedürfte es hingegen keiner Rechtfertigung, so wäre nicht einsichtig, warum es umstritten ist, ob es ein solches Fundament überhaupt gibt und worin es genau bestehen soll.

Williams attackiert daher den insbesondere von John McDowell später so genannten »Mythos des Gegebenen«[79]. Der Mythos des Gegebenen besteht in der Annahme, dass es in aller welthaltigen Erkenntnis ein nicht begrifflich gegebenes Element gibt. Wie auch immer die Form unserer Erkenntnis beschaffen sein mag, an irgendeinem Punkt sind wir auf eine Informationszufuhr vonseiten der Welt angewiesen. Doch vonseiten der Welt kann uns nichts gegeben werden, was mit seiner Anerkennung als Gegebenes unvereinbar ist. Es kann uns daher nichts gegeben werden, was wir uns nicht in der Form unserer Erkenntnis geben lassen. Das Gegebene ist hierbei selbst ein Konstrukt der Erkenntnistheorie und nichts einfach Gegebenes. Denn »das gegebene Element wird nicht einfach gefunden: Philosophen werden zu ihm hingeführt, indem sie Methoden anwenden, die raffinierte epistemologische Voraussetzungen zum Ausdruck bringen«[80].

Das Gegebene muss daher theoretisch spezifiziert werden, um uns überhaupt zugänglich zu sein. Denn wäre es uns schlechthin unzugänglich und unsagbar, so könnte es nicht einmal mehr die ihm zugewiesene Rolle eines Informationslieferanten spielen. Denn diese Rolle spezifiziert es bereits. Wenn wir das Gegebene als Informationszufuhr aus der Außenwelt deuten, so muss es zum Beispiel sinnvollerweise im Plural und nicht einfach als Ganzes angenommen werden. Es muss in der Welt einiges geben, das sich von anderem unterscheidet, d.h. eben vieles. Das Gegebene ist also mindestens eine in sich unterschiedene Mannigfaltigkeit. Dies bedeutet aber, dass das angeblich rein Gegebene, der nicht schon geformte Inhalt der Erkenntnis, begrifflich nicht in der Weise unvermittelt sein kann, wie ein Theoretiker des Gegebenen dies gerne hätte. Denn das angeblich rein Gegebene muss schon strukturiert und demnach begrifflich nachvollziehbar bestimmt sein: »Unser Bewusstsein des sinnlich Gegebenen ist ein nicht-propositionales Erfassen einer unspezifizierbaren Welt. Kein Wunder, dass es unsagbar ist. Offenkundig kann man diese Position nicht aufrechterhalten: Man kommt nicht weiter, wenn das Wesen der Realität, mit der wir uns konfrontiert sehen, so ausgesprochen vage bleibt.«[81]

Williams unterscheidet allgemein zwischen einer *therapeutischen* und einer *theoretischen Diagnose* des skeptischen Problems.[82] Eine therapeutische Diagnose wie insbesondere die von John Langshaw Austin (1911-1960) und teilweise auch von Cavell vorgeschlagene antiskeptische Strategie versucht, die Skepsis als eine Reihe letztlich sinnloser Fragen zu entlarven.[83] Die Frage etwa, ob es eine Außenwelt gebe, sei sinnlos, weil es keinen gewöhnlichen lebensweltlichen Kontext geben könne, in dem die Frage aufkommt. Sie ergibt sich lediglich, wenn »die Sprache feiert«, um mit Wittgenstein zu reden (vgl. PU, § 38). Dagegen wendet Williams ein, dass skeptische Probleme zwar in der Tat Artefakte der philosophischen Reflexion seien, dass daraus aber noch lange nicht die Möglichkeit einer Therapie folge, wie man sie etwa auf eine Krankheit anwendet. Stattdessen schlägt Williams – insbesondere in seinem Buch *Unnatural Doubts* – eine theoretische Diagnose vor. Diese besteht darin, die versteckten anspruchsvollen theoretischen Annahmen des Skeptikers zu explizieren. Auf diese Weise lässt sich aufdecken, welche epistemologischen Positionen in die Skepsis führen und welche sie vermeiden helfen. Die zu vermeidende Position, die in Williams' Augen allen Formen der radikalen Skepsis vorangeht, ist der *epistemologische Realismus*, den Williams durch einen Kontextualismus ersetzen möchte.[84]

Der epistemologische Realismus nimmt grundsätzlich an, dass es eine Klasse epistemisch privilegierter Überzeugungen gibt, die für unser gesamtes doxastisches System grundlegend sind. Ein Beispiel für eine solche Theorie ist etwa die alte empiristische These, der zufolge aller Inhalt unserer Erkenntnis aus den Sinnen stammt. Nach empiristischem Verständnis sammeln wir Sinneseindrücke und bauen auf diesen induktiv und mithilfe von Regeln, die sich bewährt haben, ein Weltbild auf, das eine Art komplexes Konstrukt auf der Basis dieser Sinnesdaten darstellt. Eine solche Position führt uns in die skeptischen Aporien des mentalen Repräsentationalismus, sobald wir einsehen, dass wir auf diese Weise einen Schleier von Vorstellungen zwischen Geist und Welt einschalten, da selbst die scheinbar unmittelbarste Erkenntnis immer noch fallibel ist. Der Irrtum besteht nach Williams darin, anzunehmen, dass einzelne Überzeugungen wie etwa »Da vorne sehe ich etwas, das aussieht wie ein Mensch, der sich naht« oder »Hier jetzt Roteindruck« überhaupt keine Kandidaten für Wissen sind, da alles Wissen qua Wissensanspruch im Kontext des Spiels des Gebens und Verlangens von Wissen vorkommt. Dabei gilt, dass »alle Rechtfertigung in einem informatorischen und dialektischen Kontext stattfindet«[85]. Auf diese Weise bestreitet Williams die epistemische Priorität von Erfahrungserkenntnis gegenüber anderen Formen der Erkenntnis.[86] Alle Erkenntnis ist ein Moment in einem komplexen System der Rechtfertigung von Überzeugungen. Wie Quine ebenfalls gegen den Empirismus einwendet, sind es niemals einzelne Überzeugungen, die wahr oder falsch sein können, denn einzelne Überzeugungen sind stets Teil eines allgemeinen Überzeugungssystems.[87]

Radikale Skepsis fordert Williams zufolge eine absolute Rechtfertigung unserer Überzeugungen ein, indem sie uns auffordert, unsere alltäglichen justifikatorischen Praktiken vorab zu begründen. Dies bezeichnet er als »Auflage der vorhergehenden Begründung (*prior grounding requirement*)«[88]. »Alles, was das skeptische Argument zeigt, ist, dass es Grenzen unseres Vermögens gibt, Gründe anzugeben oder gute Belege anzuführen. Dieser Punkt bezieht sich auf die Grundlegung unserer Überzeugungen. Um von dort aus zu seiner Schlussfolgerung zu gelangen, muss der

Skeptiker annehmen, dass keine Überzeugung verantwortlich aufrechterhalten wird, es sei denn, sie beruht auf adäquaten und anführbaren guten Belegen.«[89]

Als Alternative zum epistemologischen Realismus schlägt Williams einen *Rechtfertigungs-Kontextualismus* vor. Wenn Wissen stets nur als Wissensanspruch im Spiel des Gebens und Verlangens von Gründen vorkommt, so setzt dies Standards der Rechtfertigung voraus, die feststehen müssen, damit wir einen Wissensanspruch anerkennen können. Wissen ist demnach notwendig sozial verankert. Auf diese Weise wird der cartesische methodische Solipsismus umgangen, der Wissen bzw. Erkenntnis als Beziehung zwischen Geist (Bewusstsein) und Welt begreift, ohne dabei die soziale Dimension des Wissens einzubeziehen. Unsere Mitmenschen sind aber Mitspieler im Spiel des Wissens – wir könnten das Spiel nicht alleine spielen. Auf diese Weise gliedert die Auseinandersetzung mit dem Problem der radikalen Skepsis das isolierte transzendentale Subjekt des methodischen Solipsismus in die Gemeinschaft gemeinsam gelebter Alltäglichkeit wieder ein.

Schluss

Es mag überraschen, dass wir durch die Auseinandersetzung mit den Grundproblemen der Skepsis zu einem besseren Verständnis der Frage gelangen, was es heißt, mit anderen in der Welt zu sein: Die Begegnung mit unserer epistemischen Endlichkeit klärt uns darüber auf, dass unsere grundlegende Einstellung zur Welt nicht die des objektiven Wissens sein kann, das restlos transparent und abgesichert ist. Vielmehr zeigt uns die Skepsis, dass die Bedingungen unserer Bezugnahme auf Gegenstände diskursiv nicht vollkommen transparent gemacht werden können. Denn jeder Versuch, uns über die Bedingungen unserer Bezugnahme auf Gegenstände zu verständigen, erzeugt seinerseits Parameter der Rechtfertigung, die sozial ausgehandelt und anerkannt werden müssen. Da wir das Spiel des Gebens und Verlangens von Gründen nicht überschreiten können – eine Einsicht, die sich allmählich aus der Entwicklung der modernen Skepsis ergeben hat – können wir das Gespräch, in dem wir uns befinden, nicht hinter uns lassen. Was wir als Bedingungen unserer Bezugnahme auf Gegenstände anerkennen, untersteht diskursiven Bedingungen und mithin einer Verteidigungsverpflichtung. Diese verweist uns auf unser Sein-mit-Anderen.

Unser Sein-mit-Anderen ist gegenüber unserer objektivierenden Bezugnahme auf Gegenstände vorgängig und bestimmt auch unsere Bezugnahme auf uns selbst. Die existenziellen Projekte, die wir jeweils verfolgen, realisieren historisch gewordene Möglichkeiten des Menschen, sich als ein Subjekt unter anderen zu verstehen und diese Position zum Ausdruck zu bringen. Dabei stellt die gelebte Alltäglichkeit einen Katalog von Rollen zur Verfügung, die jeweils endliche Möglichkeiten darstellen, sich als ein Subjekt zu verstehen.

In der beständigen Konfrontation mit der modernen Skepsis ist die neuzeitliche Philosophie schließlich zur Anerkennung der Sozialität der Vernunft gelangt. Auf diese Weise treten traditionelle Motive wieder zutage, die der methodische Solipsismus der cartesischen Tradition ausgeblendet hatte. Insbesondere das Werk Stanley Cavells legt die tragische und damit existenzielle Dimension der Skepsis und des erkenntnistheoretischen Projekts im Ganzen frei. Auf diesem Weg nimmt die Philosophie, trotz der gefährlichen Professionalisierung der akademischen Disziplin, wieder Kontakt mit der Kultur auf. Der Umweg über die Skepsis begründet die eminente Stellung der Philosophie in der Kultur. Versteht sich die Philosophie hingegen als dogmatisches wissenschaftliches Projekt, so muss sie offenkundig ihre Unterlegenheit gegenüber den Wissenschaften eingestehen, und ihr bleibt nichts anderes übrig, als sich vor den exakten Wissenschaften zu verbeugen. Dann kann sie im besten Fall als Reflexionsinstanz an den Grenzen der Machbarkeit einspringen – bis diese wieder einmal verschoben werden. Auf diese Weise marginalisiert sich die Philosophie ganz unnötig. Stattdessen sollte sie auf der Einsicht in die epistemische Endlichkeit beharren, um so das kulturelle Gespräch der Philosophie mit Kunst, Religion und Wissenschaft aufrechtzuerhalten. Nur auf diese Weise kann sie dem Dogmatismus vorbeugen, den eine Verhärtung der Fronten zwischen den verschiedenen Weisen, die Welt zu deuten, zwangsläufig mit sich bringt. Setzt man die destruktiven Energien der Skepsis frei, so zerstört man lediglich *bestimmte* Formen des Diskurses und befördert jene, die sich ihrer eigenen Endlichkeit bewusst sind und diese in der Begegnung mit konkreten Gehalten erfahren.

Hinter ihre skeptische Begründung kann die neuzeitliche Philosophie unmöglich zurück. Erkenntnistheorie und Metaphysik müssen den neuzeitlichen Standards genügen, um gegen die skeptische Reflexion nicht unhaltbar naiv zu erscheinen. Auf diese Weise lässt sich die Geschichte der neuzeitlichen Philosophie bis in die Gegenwart als eine Geschichte der Skepsis rekonstruieren, woraus freilich nicht folgt, dass sie eine Geschichte ohne nachvollziehbare und verhandelbare Resultate wäre.

Man kann dabei etwa an Hegels Philosophie denken, die im Kontext des amerikanischen Neopragmatismus eine überraschende Renaissance erlebt. Hegel selbst hat seine Philosophie als antiskeptisches Programm entworfen, das dennoch den der Philosophie eigenen skeptischen Impuls gegen den Dogmatismus geltend macht. Für Hegel ist die Skepsis gar »die freie Seite einer jeden Philosophie« (TWA, 2, 228). Der Impuls der Freiheit, den Hegel als Prinzip der Entwicklung der Geschichte insgesamt angesehen hat, artikuliert sich in der Philosophie zunehmend darin, dass sie die Endlichkeit des Diskurses thematisiert. Diese liegt bereits im Wissensbegriff, genauer in der Rechtfertigungskompenente des Wissens. Denn Wissensansprüche sind, wie wir gesehen haben, derart an Rechtfertigung gebunden, dass alle Gründe auf Anerkennung basieren und kein einziger Grund die Wahrheit des Wissensanspruchs sicherstellen kann.

Dass wir unsere Endlichkeit nicht überschreiten können, unterrichtet uns genau besehen darüber, dass wir uns der Verantwortung der Gemeinschaft gegenüber prinzipiell nicht entledigen können. Alles Behaupten geschieht in einem öffentlichen Raum. Einen abstrakten logischen Raum, auf den sich ein abstraktes Subjekt des Erkennens bezieht, gibt es nicht. Der logische Raum ist vielmehr durch und durch sozial, und der Diskurs wird durch Regeln bestimmt, ohne die es keine justifikatorischen Praktiken und mithin keine gelebte Alltäglichkeit geben könnte. Diese Regeln sind allerdings nicht a priori in dem Sinne, dass sie der Revision und Diskussion enthoben wären. Die Skepsis lädt deshalb in meinen Augen dazu ein, die epistemische Endlichkeit zu akzeptieren und auf ihrer Basis zu operieren. Auf diese Weise lässt sich Philosophie auch als Kritik verstehen. Denn nur so ist sie imstande, dogmatische Tendenzen aufzuspüren und kritisch auf ihre Berechtigung hin zu prüfen. Diese Prüfung muss sie wohl zuallererst an sich selbst vollziehen.

Anhang

Anmerkungen

1 Richard H. Popkin, The History of Scepticism from Erasmus to Spinoza, Berkeley/London/Los Angeles [2]1979; Dominik Perler, Zweifel und Gewissheit. Skeptische Debatten im Mittelalter, Frankfurt a.M. 2006.

2 Dies zeichnet sich deutlich in der Geschichte des Wahrheitsbegriffs ab. Der griechische Ausdruck für Wahrheit, ›alêtheia‹, lässt sich nämlich mit ›ohne Verhehlen‹ übersetzen. Wahrheit ist das Unverhohlene, Unverborgene. Das Wahre ist demnach ursprünglich dasjenige, was gesagt wird, ohne dass das aussagende Subjekt etwas verbirgt, etwas verhehlt. Vgl. dazu Jan Szaif, Die Geschichte des Wahrheitsbegriffs in der klassischen Antike, in: Markus Enders/Jan Szaif (Hg.), Die Geschichte des philosophischen Begriffs der Wahrheit, Berlin/New York 2006, S. 1-32, bes. S. 4-6.

3 Siehe Friedrich Nietzsche, Die Philosophie im tragischen Zeitalter der Griechen, in: ders., Kritische Studienausgabe, hrsg. von Giorgio Colli und Mazzino Montinari, Bd. 1, Berlin/New York/München [2]1988, S. 801-872.

4 Zur menschheitsgeschichtlichen Bedeutung der Entgegensetzung von philosophischer Wachheit und Allgemeinheit und der Idiotie eines Rückzugs in die Privatheit vgl. Peter Sloterdijks Überlegungen zu Heraklit in: Weltfremdheit, Frankfurt a.M. 1993, S. 344-366.

5 Vgl. dazu Voula Tsouna, The Epistemology of the Cyrenaic School, Cambridge 1998; Gail Fine, Subjectivity. Ancient and Modern: The Cyrenaics, Sextus, and Descartes, in: Jon Miller/Brad Inwood (Hg.), Hellenistic and Early Modern Philosophy, Cambridge 2003, S. 192-231; Klaus Döring, Der Sokratesschüler Aristipp und die Kyrenaiker, Stuttgart 1988; Jacques Brunschwig, Cyrenaic Epistemology, in: Keimpe Algra/Jonathan Barnes/Jaap Mansfeld/Malcolm Schofield (Hg.), The Cambridge History of Hellenistic Philosophy, Cambridge 1999, S. 251-259.

6 Aristippi et Cyrenicorum fragmenta, hrsg. von Erich Mannebach, Leiden/Köln 1961, S. 48-53.

7 Vgl. dazu das Standardwerk Richard H. Popkin, The History of Skepticism from Erasmus to Spinoza, a.a.O.

8 Zum Problem des Wahrheitskriteriums vgl. den herausragenden und unüberholten Aufsatz von Gisela Striker, ΚΡΙΤΗΡΙΟΝ ΤΗΣ ΑΛΗΘΕΙΑΣ, in: dies., Essays on Hellenistic Epistemology and Ethics, Cambridge (Ma.) 1996, S. 22-76; vgl. auch dies., The Problem of the Criterion, in: Stephen Everson (Hg.), Epistemology. Companions to Ancient Thought 3, Cambridge 1990, S. 150-169. Zum systematischen Problem und seiner Geschichte vgl. auch Pamela Huby/Gordon Neal (Hg.), The Criterion of Truth, Liverpool 1989. Zur Diskussion bei Sextus vgl. Anthony A. Long, Sextus Empiricus on the Criterion of Truth, in: Bulletin of the Institute of Classical Studies, Heft 25, 1978, S. 35-49; Jacques Brunschwig, Sextus Empiricus on the *kriterion*: The Skeptic as Conceptual Legatee, in: John M. Dillon/Anthony A. Long (Hg.), The Question of ›Eclecticism‹, Berkeley 1988, S. 145-175.

9 Vgl. dazu Michael Frede, Stoic Epistemology, in: Keimpe Algra/Jonathan Barnes/Jaap Mansfeld/Malcolm Schofield (Hg.), The Cambridge History of Hellenistic Philosophy, Cambridge 1999, S. 295-322, bes. S. 302-311.

10 Siehe dazu bes. Hans Joachim Krämer, Platonismus und hellenistische Philosophie, Berlin/New York 1971, S. 60 f.

11 Vgl. dazu Malcolm Schofield, Academic Epistemology, in: Keimpe Algra/Jonathan Barnes/Jaap Mansfeld/Malcolm Schofield (Hg.), The Cambridge History of Hellenistic Philosophy, a.a.O., S. 323-351.

12 Michael Williams, Problems of Knowledge. A Critical Introduction to Epistemology, Oxford 2001, S. 25 u. passim.

13 Vgl. Hans Joachim Krämer: Platonismus und hellenistische Philosophie, a.a.O., S. 5-108; Malte Hossenfelder, Stoa, Epikureismus und Skepsis, München [2]1995, S. 191-200; Hans Blumenberg, Die Legitimität der Neuzeit, Frankfurt a.M. 1996, S. 309-318. Zur allgemeinen Frage, inwiefern die neue Akademie noch platonisch ist, vgl. Harold Tarrant, Scepticism or Platonism? The Philosophy of the Fourth Academy, Cambridge 1985.

14 Myles Burnyeat, Idealism and Greek Philosophy: What Descartes Saw and Berkeley Missed, in: Philosophical Review, Heft 91, 1982, S. 3-40.

Die These geht letztlich auf Bernard Williams zurück. Vgl. dazu The Sense of the Past. Essays in the History of Philosophy, Princeton 2006.

15 Einen sehr guten Überblick über alle Formen des Anti-Realismus in der Antike bietet Leo Groarke, Greek Scepticism. Anti-Realist Trends in Ancient Thought, Montreal 1990.

16 Vgl. zur skeptischen Tropenlehre v.a. Julia Annas/Jonathan Barnes, The Modes of Skepticism. Ancient Texts and Modern Interpretations, Cambridge 1985.

17 Hans Blumenberg, Die Legitimität der Neuzeit, a.a.O., S. 316: »Die als Motiv aller Skepsis vermeinte Urfrage, ob etwas wirklich so sei, wie es uns erscheint, ist selbst die theoretische ›Ursünde‹, von der die [pyrrhonische] Skepsis Erlösung verspricht. Wenn die griechische Philosophie mit der Verwunderung über die ›Leistung‹ des Wörtchens *ist* anhebt, so endet sie mit seiner Verurteilung als Ursprung jeder Verführung zur dogmatischen Voreiligkeit, deren Wesen im Übergang von der reinen Gegenwärtigkeit der Erscheinung zur Behauptung des Bezuges des Erscheinenden auf ein Nichterscheiendes liegt – der Logos als solcher, nicht erst als bestimmter, ist verführerisch.«

18 Vgl. dazu Friedrich Nietzsche, Ueber Wahrheit und Lüge im aussermoralischen Sinne, in: Kritische Studienausgabe, Bd. 1, a.a.O., S. 873-890.

19 Vgl. die Beiträge in Myles Burnyeat/Michael Frede (Hg.), The Original Sceptics: A Controversy, Indianapolis 1997. Eine ausführliche Zusammenfassung aller wichtigen Argumente für die Positionen Fredes, Barnes' und Burnyeats findet sich bei Rosario La Sala, Die Züge des Skeptikers. Der dialektische Charakter von Sextus Empiricus' Werk, Göttingen 2005, S. 17-57.

20 Vgl. dazu Wilfried Nippel, Griechen, Barbaren und »Wilde«, Frankfurt a.M. 1990.

21 Vgl. dazu Sonja Rinofner-Kreidl, Die Entdeckung des Erscheinens. Was phänomenologische und skeptische *Epoché* unterscheidet, in: Allgemeine Zeitschrift für Philosophie, Heft 1, 2001, S. 19-40; Anton Friedrich Koch, Versuch über Wahrheit und Zeit, Paderborn 2006, § 27.

22 Vgl. dazu Rosario La Sala, Die Züge des Skeptikers. Der dialektische Charakter von Sextus Empiricus' Werk, a.a.O., S. 72-80.

23 Vgl. dazu bes. Michel Foucault, Technologien des Selbst, hrsg. von Martin Rux u.a., Frankfurt a.M. 1993, sowie Pierre Hadot, Philosophie als

Lebensform. Antike und moderne Exerzitien der Weisheit, Frankfurt a.M. ²2002.

24 Vgl. Christoph Horn, Antike Lebenskunst. Glück und Moral von Sokrates bis zu den Neuplatonikern, München 1998, bes. S. 85-103; Malte Hossenfelder, Stoa, Epikureismus und Skepsis, a.a.O.

25 Zur spätantiken Wendung zur Psychotheologie, mit welcher die römische Sittlichkeit zu Ende geht, vgl. Peter Sloterdijk, Weltfremdheit, Frankfurt a.M. 1993.

26 Sehr deutlich sieht dies Malte Hossenfelder, Stoa, Epikureismus und Skepsis, a.a.O., S. 163: »Der Nachteil der besonderen Form ihrer [sc. der Pyrrhoneer] Skepsis war die prinzipielle Unabgeschlossenheit. Sie konnten sich nie zur Ruhe setzen im Bewußtsein, ihrer Lehre eine feste und dauerhafte Grundlage verschafft zu haben, sondern mußten immer auf dem Sprung sein und bei jeder neuen These prüfen, ob auch ihr Gegenteil überzeugte. Sie durften es sich ja nicht leicht machen und argumentieren: Es ist logisch immer möglich, zu einer Aussage das Gegenteil zu formulieren, und da man dann nicht entscheiden kann, kann man nicht urteilen. Das hätte in der Tat die prinzipielle Skepsis bedeutet. Daher gründeten die Pyrrhoneer ihre Zurückhaltung eben nicht auf logische Möglichkeiten, sondern auf die a priori nicht einsehbare, nur erfahrbare Überzeugungskraft.«

27 Vgl. Katja M. Vogt, Skepsis und Lebenspraxis. Das pyrrhonische Leben ohne Meinungen, Freiburg/München 1998.

28 Michael Williams, Scepticism without Theory, in: Review of Metaphysics, Heft 41, 1988, S. 547-588, hier: S. 560.

29 Die folgenden Zitate stammen alle aus Thomas Grundmann/Karsten Stüber (Hg.), Philosophie der Skepsis, Paderborn et al. 1996, hier: S. 61.

30 Zu der Frage, inwiefern Descartes' Traumargument sich bereits bei Platon findet, wenngleich er freilich zugestandenermaßen einen völlig anderen Gebrauch von dem Argument als Platon macht, vgl. Gail Fine, Descartes and Ancient Skepticism: Reheated Cabbage?, in: The Philosophical Review, Heft 109, 2000, S. 195-234; dies., Subjectivity. Ancient and Modern: The Cyrenaics, Sextus, and Descartes, a.a.O.

31 Hilary Putnam, Reason, Truth and History, Cambridge 1981. Hier zitiert nach Hilary Putnam, Vernunft, Wahrheit und Geschichte, Frankfurt a.M. 1982, S. 15-40.

32 »Ja, ich werde argumentieren, daß die Annahme, wir seien tatsächlich Gehirne in einem Tank, unmöglich wahr sein kann, obgleich sie gegen kein physikalisches Gesetz verstößt und mit allen unseren Erfahrungen in Einklang steht. *Sie kann unmöglich wahr sein*, weil sie sich auf gewisse Weise selbst widerlegt.« (Hilary Putnam, Vernunft, Wahrheit und Geschichte, a.a.O., S. 23)

33 Vgl. dazu die umfangreiche Studie von Olaf L. Müller, Wirklichkeit ohne Illusionen, Bd. 1: Hilary Putnam und der Abschied vom Skeptizismus oder Warum die Welt keine Computersimulation ist, Paderborn 2003.

34 Vgl. dazu Dominik Perler, Wie ist ein globaler Zweifel möglich? Zu den Voraussetzungen des frühneuzeitlichen Außenwelt-Skeptizismus, in: Zeitschrift für philosophische Forschung, Heft 57, 2003, S. 481-512; James Conant, The Search for Logically Alien Thought: Descartes, Kant, Frege, and the Tractatus, in: Philosophical Topics, Heft 20/1, 1991, S. 115-180.

35 Vgl. dazu Hans Blumenberg, Die Legitimität der Neuzeit, a.a.O., von dem der Ausdruck »theologischer Absolutismus« stammt.

36 Vgl. etwa die Erzählungen *Tlön*, *Uqbar*, *Orbis Tertius* und *Die Bibliothek von Babel* in Jorge L. Borges, Fiktionen. Erzählungen 1939-1944, übersetzt von Karl August Horst, Wolfgang Luchting und Gisbert Haefs, München/Wien [9]2004.

37 Aischylos, Agamemnon, Vs. 177.

38 Vgl. dazu Danièle Moyal-Sharrock, The Third Wittgenstein: The Post-Investigations Works, Aldershot 2004.

39 Zu Wittgenstein und Sextus vgl. Hans Sluga, Wittgenstein and Pyrrhonism, in: Walter Sinnott-Armstrong (Hg.), Pyrrhonian Skepticism, New York 2005, S. 99-117. Vgl. auch Richard A. Watson, Sextus and Wittgenstein, in: Southern Journal of Philosophy, Heft 7/3, 1969, S. 229-237; Robert J. Fogelin, Wittgenstein and Classical Scepticism, in: ders., Philosophical Interpretations, Oxford 1992, S. 214-232; Avner Cohen, Sextus Empiricus: Skepticism as a Therapy, Philosophical Forum, Heft 15/4, 1984, S. 405-424. Vgl. auch Michael Williams' Überlegungen in: The Agrippan Argument and Two Forms of Skepticism, in: Walter Sinnott-Armstrong (Hg.), Pyrrhonian Skepticism, a.a.O., S. 121-45, hier: S. 138-144.

40 Friedrich Waismann: Ludwig Wittgenstein und der Wiener Kreis. Gespräche, aufgezeichnet von Friedrich Waismann, Frankfurt a.M. 1984, hier: S. 48.

41 Vgl. Stanley Cavell, The Claim of Reason. Wittgenstein, Skepticism, Morality, and Tragedy, Oxford 1979. Hier zitiert nach ders., Der Anspruch der Vernunft, Frankfurt a.M. 2006, hier: S. 254-267.

42 »So langsam beginnen wir zu fürchten oder sollten wir fürchten, daß Sprache (und Verstehen und Wissen) möglicherwise auf sehr wackligen Fundamenten ruhen könnte – auf einem dünnen Netz über dem Abgrund.« (Stanley Cavell, Der Anspruch der Vernunft, a.a.O., S. 304)

43 Saul A. Kripke, Wittgenstein on Rules and Private Language. An Elementary Exposition, Cambridge (Ma.) 1982. Hier zitiert nach ders., Wittgenstein über Regeln und Privatsprache. Eine elementare Darstellung, Frankfurt a.M. 1987, hier: S. 87f. Vgl. allerdings bereits das Kapitel »Sceptical Doubts and a Sceptical Solution to These Doubts« in: Robert J. Fogelin, Wittgenstein, London 1976, S. 138-152, woran sich Kripke offenbar anlehnt.

44 Saul A. Kripke, Wittgenstein über Regeln und Privatsprache, a.a.O., S. 87.

45 Richard Rorty, Der Spiegel der Natur. Eine Kritik der Philosophie, Frankfurt a.M. 1997; ders., Kontingenz, Ironie und Solidarität, Frankfurt a.M. 1995.

46 Ders., Kontingenz, Ironie und Solidarität, a.a.O., S. 47. Vgl. auch S. 77 u. 132.

47 Ebenda, S. 15.

48 Ebenda, S. 17.

49 Ebenda, S. 16.

50 Ludwig Wittgenstein, Bemerkungen über Frazers »The Golden Bough«, hrsg. von Rush Rhees, Retford ^{2}1983; ders., Vorlesungen und Gespräche über Ästhetik, Psychoanalyse und religiösen Glauben, Frankfurt a.M. ^{3}2001.

51 Richard Rorty, Der Spiegel der Natur, a.a.O., S. 344.

52 Ebenda.

53 Richard Rorty, Der Spiegel der Natur, a.a.O., S. 345.

54 David R. Hiley, Philosophy in Question: Essays on a Pyrrhonian Theme, Chicago 1988.

55 Richard Rorty, Der Spiegel der Natur, a.a.O., S. 59.

56 Ebenda, S. 60.

57 Saul A. Kripke, Wittgenstein über Regeln und Privatsprache, a.a.O., S. 79: »Wittgenstein hat eine neue Form des Skeptizismus erfunden. Nach meiner Auffassung ist in der bisherigen Philosophiegeschichte kein radikaleres und originelleres skeptisches Problem aufgeworfen worden, und nur ein ganz ungewöhnlicher Geist konnte auf diese Fragestellung kommen.«

58 Willard Van Orman Quine, Wort und Gegenstand, Stuttgart 1980.

59 Zum kantischen Skeptizismus, den Kant selbst freilich nicht intendiert hat, so dass es sich genau genommen um einen nachkantischen Skeptizismus handelt, vgl. James Conant, Varieties of Scepticism, in: Denis McManus (Hg.), Wittgenstein and Scepticism, London 2004, S. 97-135; Paul Franks, All or Nothing. Systematicity, Transcendental Arguments, and Skepticism in German Idealism, Cambridge (Ma.) 2005. Vgl. auch die wichtige Studie von Manfred Frank, »Unendliche Annäherung.« Die Anfänge der philosophischen Frühromantik, Frankfurt a.M. [2]1998.

60 Vgl. den berühmten Brief an Wilhelmine von Zenge vom 22. März 1801 in Heinrich von Kleist, Sämtliche Briefe, hrsg. von Dieter Heimböckel, Stuttgart 1999, bes. S. 213.

61 Vgl. dazu bes. Stanley Cavell, Der Anspruch der Vernunft, a.a.O.

62 Ebenda, S. 93-111. An anderer Stelle (S. 401) spricht Cavell pointiert auch von der »Moral des Skeptizismus«, »dass nämlich die Grundlage des Menschen in der Welttotalität, seine Beziehung zur Welt als solcher, nicht kognitiver Art ist oder jedenfalls nicht von der Art, was wir uns darunter vorstellen«.

63 Ebenda, S. 119.

64 Ebenda, S. 393.

65 Ebenda, S. 200. Ähnliche Formulierungen S. 346 und 601 ff.

66 Ebenda, S. 601.

67 Ebenda, S. 200.

68 Ebenda, S. 246.

69 Ebenda, S. 246.

70 Ebenda, S. 733.

71 Vgl. Stanley Cavell, Disowning Knowledge: In Seven Plays of Shakespeare, Cambridge (Ma.) [2]2003; ders., The World Viewed: Reflections

on the Ontology of Film, New York [2]1979; ders., Philosophy the Day after Tomorrow, Cambridge (Ma.) 2005.

72 Robert J. Fogelin, Pyrrhonian Reflections on Knowledge and Justification, Oxford 1994. Alle Übersetzungen vom Verfasser (Markus Gabriel).

73 Vgl. Michael Williams, Problems of Knowledge, a.a.O., S. 25. Zur sokratischen Verteidigungsverpflichtung vgl. auch Robert B. Brandom, Making it Explicit. Reasoning, Representing, and Discursive Commitment, Cambridge (Ma.)/London 1994, S. 106, 128 u. 201.

74 Vgl. Timothy Williamson, Past the Linguistic Turn, in: Brian Leiter (Hg.), The Future for Philosophy, Oxford 2004, S. 106-128, bes. S. 110.

75 Zu dieser Diskussion vgl. auch meine Überlegungen in Markus Gabriel, Endlichkeit und absolutes Ich – Heideggers Fichtekritik, erscheint in: Fichte-Studien.

76 Michael Williams, Groundless Belief, Princeton [2]1999; ders., Unnatural Doubts. Epistemological Realism and the Basis of Scepticism, Princeton [2]1996; ders., Problems of Knowledge, a.a.O.

77 Ders., Groundless Belief, a.a.O., S. 4: »the thesis that one is never justified in believing anything at all«.

78 Vgl. etwa ders., Scepticism without Theory, in: Review of Metaphysics, Heft 61, 1977, S. 547–588; ders., Unnatural Doubts, a.a.O., S. 60-68; ders., Problems of Knowledge, a.a.O., S. 58-68.

79 Vgl. dazu John McDowell, Geist und Welt, Frankfurt a. M. [2]2001.

80 Ebenda, S. 45: »The given element is not just found: philosophers are led to it by methods which reflect sophisticated epistemological presuppositions.«

81 Ebenda, S. 102: »Our awareness of the sensibly given is a non-propositional grasping of an unspecifiable world. No wonder it is ineffable. Of course, this position cannot be maintained: nothing can be done if the nature of the reality we confront is left so utterly vague.«

82 Vgl. etwa Michael Williams, Unnatural Doubts, a.a.O., S. 36f.

83 Besonders einschlägig ist John L. Austins klassischer Aufsatz: Other Minds, in: Supplement to the Proceedings of the Aristotelian Society 20, 1946, S. 148-187, dt.: Fremdseelisches, in: Thomas Grundmann/Karsten Stüber (Hg.), Philosophie der Skepsis, a.a.O., S. 110-122.

84 Vgl. ausführlich Michael Williams, Unnatural Doubts, a.a.O., S. 89-134.

85 Ders., Problems of Knowledge, a.a.O., S. 179: »all justification takes place in an informational und dialectical context«.

86 Vgl. dazu ausführlich ders., Unnatural Doubts, a.a.O., S. 47-88.

87 Zu Quines semantischem Holismus, mit dem er sich gegen den klassischen Empirismus wendet, vgl. seinen berühmten Aufsatz: Zwei Dogmen des Empirismus, in: ders., Von einem logischen Standpunkt, Frankfurt a.M. et al. 1979, S. 27-50.

88 Vgl. etwa Michael Williams, Problems of Knowledge, a.a.O., S. 24f.

89 Ders., Problems of Knowledge, a.a.O., S. 148: »all the sceptic's argument shows is that there are limits to our capacity to *give reasons* or *cite evidence*. This is a point about grounding. To get from what he argues to what he concludes, the sceptic must take it for granted that no belief is responsibly held unless it rests on adequate and citable evidence.«

Literatur

1. Primärliteratur

a) Siglen

De an.	Aristoteles, Über die Seele. De anima, griechisch und deutsch, hrsg. von Horst Seidl, Hamburg 1998.
De diff. puls.	Galen von Pergamon, Über die Verschiedenheit der Pulse. De differentia pulsuum, in: Galenos' Gesundheitslehre, 2 Bde., übersetzt und zeitgemäß erläutert von Erich Beintker, Stuttgart 1939.
DK	Diels, Hermann/Kranz, Walther (Hg.), Die Fragmente der Vorsokratiker, griechisch und deutsch, 3 Bde., Berlin [6]1951-1952.
DL	Diogenes Laertius, Leben und Meinungen berühmter Philosophen, Hamburg [3]1998.
GA	Fichte, Johann Gottlieb, Gesamtausgabe der Bayerischen Akademie der Wissenschaften, hrsg. von Reinhard Lauth, Erich Fuchs und Hans Gliwitzky, Stuttgart-Bad Cannstatt 1962ff.
KpV	Kant, Immanuel, Kritik der praktischen Vernunft, in: Werke, 6 Bde., hrsg. von Wilhelm Weischedel, Darmstadt 1998.
KrV	Kant, Immanuel, Kritik der reinen Vernunft, in: Werke, 6 Bde., hrsg. von Wilhelm Weischedel, Darmstadt 1998.
M	Sextus Empiricus, Gegen die Mathematiker. Adversus mathematicos, in: Werke, hrsg. von Herman Mutschmann und Jürgen Mau, 4 Bde., Leipzig 1914-1962.
Met.	Aristoteles, Metaphysik. Metaphysica, griechisch und deutsch, 2 Bde., hrsg. von Horst Seidl, Hamburg [3]1989.

Parm. Platon, Parmenides, in: Sämtliche Werke, Bd. 3, hrsg. von Ursula Wolf, Hamburg 2004.

PH Sextus Empiricus, Grundriß der pyrrhonischen Skepsis, eingeleitet und übersetzt von Malte Hossenfelder, Frankfurt a.M. 1968.

PU Wittgenstein, Ludwig, Philosophische Untersuchungen, in: Werkausgabe, 8 Bde., Frankfurt a.M. 1989.

Rep. Platon, Der Staat. Politeia, hrsg. von Karl Bormann, Hamburg 1989.

SVF Stoicorum veterum fragmenta, 4 Bde., hrsg. von Johannes von Arnim und Maximilian Adler, Stuttgart 1905-1924.

Tht. Platon, Theaitetos, in: Sämtliche Werke, Bd. 3, hrsg. von Ursula Wolf, Hamburg 2004.

TLP Wittgenstein, Ludwig, Tractatus logico-philosophicus, in: Werkausgabe, 8 Bde., Frankfurt a.M. 1989.

TWA Hegel, Georg Wilhelm Friedrich, Werke, 20 Bde., hrsg. von Eva Moldenhauer und Karl M. Michel, Frankfurt 1970 ff.

ÜG Wittgenstein, Ludwig, Über Gewißheit, in: Werkausgabe, 8 Bde., Frankfurt a.M. 1989.

b) Weitere Literatur

Aristippi et Cyrenicorum fragmenta, hrsg. von Erich Mannebach, Leiden/Köln 1961.

Austin, John L., Fremdseelisches, in: Thomas Grundmann/Karsten Stüber (Hg.), Philosophie der Skepsis, Paderborn et al. 1996, S. 110-122.

Blumenberg, Hans, Die Legitimität der Neuzeit, Frankfurt a.M. 1996.

Cavell, Stanley, Der Anspruch der Vernunft, Frankfurt a.M. 2006.

Cavell, Stanley, Disowning Knowledge: In Seven Plays of Shakespeare, Cambridge (Ma.) [2]2003.

Cavell, Stanley, Philosophy the Day after Tomorrow, Cambridge (Ma.) 2005.

Cavell, Stanley, The World Viewed. Reflections on the Ontology of Film, New York [2]1979.

Cicero, Lucullus, hrsg. von Christoph Schäublin, Hamburg 1998.

Descartes, Meditationen über die Grundlagen der Philosophie. Meditationes de prima philosophia, hrsg. von Lüder Gäbe, Hamburg ³1994.
Fogelin, Robert J., Pyrrhonian Reflections on Knowledge and Justification, Oxford 1994.
Foucault, Michel, L'herméneutique du sujet. Cours au Collège de France (1981-1982), Paris 2001.
Foucault, Michel, Technologien des Selbst, hrsg. von Martin Rux u.a., Frankfurt a.M. 1993.
Franks, Paul, All or Nothing. Systematicity, Transcendental Arguments, and Skepticism in German Idealism, Cambridge (Ma.) 2005.
Nietzsche, Friedrich, Die Philosophie im tragischen Zeitalter der Griechen, in: ders., Kritische Studienausgabe, hrsg. von Giorgio Colli und Mazzino Montinari, Bd. 1, Berlin/New York/München ²1988, S. 801-872.
Nietzsche, Friedrich, Ueber Wahrheit und Lüge im aussermoralischen Sinne, in: Kritische Studienausgabe, hrsg. von Giorgio Colli und Mazzino Montinari, Bd. 1, Berlin/New York/München ²1988, S. 873-890.
Plutarch, Cato Maior XXII, in: Parallel Lives, vol. 2, Harvard 1920.
Putnam, Hilary, Vernunft, Wahrheit und Geschichte, Frankfurt a.M. 1982.
Rorty, Richard, Der Spiegel der Natur. Eine Kritik der Philosophie, Frankfurt a.M. 1997.
Rorty, Richard, Kontingenz, Ironie und Solidarität, Frankfurt a.M. 1995.
Strawson, Peter F., Skepticism and Naturalism: Some Varieties, New York 1985.
Stroud, Barry, The Significance of Philosophical Skepticism, Oxford 1984.
Williams, Bernard, Descartes. The Project of Pure Enquiry, Hassocks 1978.
Williams, Bernard, The Sense of the Past: Essays in the History of Philosophy, Princeton 2006.
Williams, Michael, Groundless Belief, Princeton ²1999.
Williams, Michael, Problems of Knowledge. A Critical Introduction to Epistemology, Oxford 2001.
Williams, Michael, Unnatural Doubts. Epistemological Realism and the Basis of Scepticism, Princeton ²1996.

2. Sekundärliteratur

a) Einführungen

Adamson, Peter, Philosophy in the Hellenistic and Roman Worlds, Oxford 2015.
Hankinson, Robert J., The Sceptics, London/New York 1995.
Horn, Christoph, Antike Lebenskunst. Glück und Moral von Sokrates bis zu den Neuplatonikern, München [4]2014.
Hossenfelder, Malte, Stoa, Epikureismus und Skepsis, München [2]1995.
Ricken, Friedo, Antike Skeptiker, München 1994.

b) Sammelbände

Annas, Julia/Barnes, Jonathan (Hg.), The Modes of Skepticism. Ancient Texts and Modern Interpretations, Cambridge 1985.
Bett, Richard (Hg.), The Cambridge Companion to Ancient Scepticism, Cambridge 2010.
Burnyeat, Myles/Frede, Michael (Hg.), The Original Sceptics: A Controversy, Indianapolis 1997.
Conant, James/Kern, Andrea (Hg.), Varieties of Skepticism. Essays after Kant, Wittgenstein, and Cavell, Berlin/Boston 2014.
Gabriel, Markus (Hg.), Skeptizismus und Metaphysik, Berlin 2011.
Greco, John (Hg.), The Oxford Handbook of Skepticism, Oxford 2011.
Grundmann, Thomas/Stüber, Karsten (Hg.), Philosophie der Skepsis, Paderborn et al. 1996.
Huby, Pamela/Neal, Gordon (Hg.), The Criterion of Truth, Liverpool 1989.
Machuca, Diego E. (Hg.), Pyrrhonism in Ancient, Modern, and Contemporary Philosophy, Dordrecht/Heidelberg/London/New York 2011.
Schofield, Malcolm/Burneat, Myles/Barnes, Jonathan (Hg.), Doubt and Dogmatism. Studies in Hellenistic Epistemology, Oxford 1980.

c) Monografien

Bailey, Alan, Sextus Empiricus and Pyrrhonean Scepticism, Oxford/New York 2002.

Barnes, Jonathan, The Toils of Scepticism, Cambridge 1990.
Button, Tim, The Limits of Realism, Oxford 2015.
Döring, Klaus, Der Sokratesschüler Aristipp und die Kyrenaiker, Stuttgart 1988.
Forster, Michael, Kant and Skepticism, Princeton 2010.
Franks, Paul, All or Nothing. Systematicity, Transcendental Arguments, and Skepticism in German Idealism, London/Cambridge, MA 2005.
Gabriel, Markus, Skeptizismus und Idealismus in der Antike, Frankfurt a.M. 2009.
Gabriel, Markus, Die Erkenntnis der Welt. Eine Einführung in die Erkenntnistheorie, Freiburg i. Br./München [4]2012.
Gabriel, Markus, An den Grenzen der Erkenntnistheorie. Die notwendige Endlichkeit des objektiven Wissens als Lektion des Skeptizismus, Freiburg i. Br./München [2]2014.
Groarke, Leo, Greek Scepticism. Anti-Realist Trends in Ancient Thought, Montreal 1990.
Hadot, Pierre, Philosophie als Lebensform. Antike und moderne Exerzitien der Weisheit, Frankfurt a.M. [2]2002.
Hiley, David R., Philosophy in Question: Essays on a Pyrrhonian Theme, Chicago 1988.
Krämer, Hans Joachim, Platonismus und hellenistische Philosophie, Berlin/New York 1971.
Kripke, Saul A., Wittgenstein über Regeln und Privatsprache. Eine elementare Darstellung, Frankfurt a.M. 1987.
La Sala, Rosario, Die Züge des Skeptikers. Der dialektische Charakter von Sextus Empiricus' Werk, Göttingen 2005.
Müller, Olaf L., Wirklichkeit ohne Illusionen, Bd. 1: Hilary Putnam und der Abschied vom Skeptizismus oder Warum die Welt keine Computersimulation ist, Paderborn 2003.
Perler, Dominik, Zweifel und Gewissheit. Skeptische Debatten im Mittelalter, Frankfurt a.M. 2006.
Popkin, Richard H., The History of Scepticism from Erasmus to Spinoza, Berkeley/London/Los Angeles [2]1979.
Sinnott-Armstrong, Walter (Hg.), Pyrrhonian Skepticism, New York 2005.
Stough, Charlotte L., Greek Skepticism: A Study in Epistemology, Berkeley 1969.

Tarrant, Harold, Scepticism or Platonism? The Philosophy of the Fourth Academy, Cambridge 1985.
Thorsrud, Harald, Ancient Scepticism, London/New York 2014.
Tsouna, Voula, The Epistemology of the Cyrenaic School, Cambridge 1998.
Vogt, Katja M., Skepsis und Lebenspraxis. Das pyrrhonische Leben ohne Meinungen, Freiburg i. Br./München ²2015.

d) Aufsätze

Annas, Julia, Stoic Epistemology, in: Stephen Everson, Epistemology, Cambridge 1990, S. 184-203.
Ausland, Hayden W., On the Moral Origin of the Pyrrhonian Philosophy, in: Elenchos, Heft 10, 1988, S. 359-434.
Brunschwig, Jacques, Cyrenaic Epistemology, in: Keimpe Algra/Jonathan Barnes/Jaap Mansfeld/Malcolm Schofield (Hg.), The Cambridge History of Hellenistic Philosophy, Cambridge 1999, S. 251-259.
Brunschwig, Jacques, Sextus Empiricus on the *kriterion*: The Skeptic as Conceptual Legatee, in: John M. Dillon/Anthony A. Long (Hg.), The Question of »Eclecticism«, Berkeley 1988, S. 145-175.
Burnyeat, Myles, Conflicting Appearances, in: Proceedings of the British Academy 65, 1979, S. 69-111.
Burnyeat, Myles, Idealism and Greek Philosophy: What Descartes Saw and Berkeley Missed, in: Philosophical Review, Heft 91, 1982, S. 3-40.
Cohen, Avner, Sextus Empiricus: Skepticism as a Therapy, Philosophical Forum, Heft 15/4, 1984, S. 405-424.
Conant, James, Varieties of Scepticism, in: Denis McManus (Hg.), Wittgenstein and Scepticism, London 2004, S. 97-135.
Fine, Gail, Descartes and Ancient Skepticism: Reheated Cabbage?, in: The Philosophical Review, Heft 109, 2000, S. 195-234.
Fine, Gail, Sextus and External World Skepticism, in: Oxford Studies in Ancient Philosophy, Heft XXIV, 2003, S. 341-385.
Fine, Gail, Subjectivity. Ancient and Modern: The Cyrenaics, Sextus, and Descartes, in: Jon Miller/Brad Inwood (Hg.), Hellenistic and Early Modern Philosophy, Cambridge 2003, S. 192-231.
Fladerer, Ludwig, Der Wahrheitsbegriff im griechischen Neuplatonismus, in: Markus Enders/Jan Szaif (Hg.), Die Geschichte des philosophischen Begriffs der Wahrheit, Berlin/New York 2006, S. 33-48.

Fogelin, Robert J., Wittgenstein and Classical Scepticism, in: ders., Philosophical Interpretations, Oxford 1992, S. 214-232.

Frede, Michael, Stoic Epistemology, in: Keimpe Algra/Jonathan Barnes/Jaap Mansfeld/Malcolm Schofield (Hg.), The Cambridge History of Hellenistic Philosophy, Cambridge 1999, S. 295-322.

Gabriel, Markus, Die Wiederkehr des Nichtwissens. Perspektiven der zeitgenössischen Skeptizismus-Debatte, in: Philosophische Rundschau, Heft 54/2, 2007, S. 148-176.

Gabriel, Markus, Zum Außenweltproblem in der Antike. Sextus' Dekonstruktion des Repräsentationalismus und die skeptische Begründung des Idealismus bei Plotin, erscheint in: Bochumer philosophisches Jahrbuch für Antike und Mittelalter, Heft 12, 2007.

Gabriel, Markus, Die metaphysische Wahrheit des Skeptizismus bei Schelling und Hegel, in: Internationales Jahrbuch des Deutschen Idealismus 5 (2007), S. 126-156.

Long, Anthony A., Sextus Empiricus on the Criterion of Truth, in: Bulletin of the Institute of Classical Studies, Heft 25, 1978, S. 35-49.

Nussbaum, Martha, Skeptic Purgatives: Therapeutic Arguments in Ancient Skepticism, in: Journal of the History of Philosophy, Heft 29, 1991, S. 521-557.

Perin, Casey, Pyrrhonian Scepticism and the Search for Truth, in: Oxford Studies in Ancient Philosophy, Heft XXX, 2006, S. 337-360.

Perler, Dominik, Wie ist ein globaler Zweifel möglich? Zu den Voraussetzungen des frühneuzeitlichen Außenwelt-Skeptizismus, in: Zeitschrift für philosophische Forschung, Heft 57, 2003, S. 481-512.

Perler, Dominik, Zweifel und Gewissheit. Skeptische Debatten im Mittelalter, Frankfurt a.M. 2006.

Schofield, Malcolm, Academic Epistemology, in: Keimpe Algra/Jonathan Barnes/Jaap Mansfeld/Malcolm Schofield (Hg.), The Cambridge History of Hellenistic Philosophy, Cambridge 1999, S. 323-351.

Sluga, Hans, Wittgenstein and Pyrrhonism, in: Walter Sinnott-Armstrong (Hg.), Pyrrhonian Skepticism, New York 2005, S. 99-117.

Striker, Gisela, The Problem of the Criterion, in: Stephen Everson (Hg.), Epistemology. Companions to Ancient Thought 3, Cambridge 1990, S. 150-169.

Striker, Gisela, ΚΡΙΤΗΡΙΟΝ ΤΗΣ ΑΛΗΘΕΙΑΣ, in: dies., Essays on Hellenistic Epistemology and Ethics, Cambridge (Ma.) 1996, S. 22-76.

Szaif, Jan, Die Geschichte des Wahrheitsbegriffs in der klassischen Antike, in: Markus Enders/Jan Szaif (Hg.), Die Geschichte des philosophischen Begriffs der Wahrheit, Berlin/New York 2006, S. 1-32.

Watson, Richard A., Sextus and Wittgenstein, in: Southern Journal of Philosophy, Heft 7/3, 1969, S. 229-237.

Williams, Michael, Scepticism without Theory, in: Review of Metaphysics, Heft 41, 1988, S. 547-588.

Williams, Michael, The Agrippan Argument and Two Forms of Skepticism, in: Walter Sinnott-Armstrong (Hg.), Pyrrhonian Skepticism, New York 2005, S. 121-145.

Markus Gabriel, geb. 1980 in Remagen, ist seit 2009 Inhaber des Lehrstuhls für Erkenntnistheorie, Philosophie der Neuzeit und der Gegenwart an der Universität Bonn sowie seit 2012 Vorsitzender des Internationalen Zentrums für Philosophie NRW. Nach seiner Promotion (2005) und Habilitation (2008) in Heidelberg war er zunächst Assistant Professor an der New School in New York. Er war Gastprofessor u.a. in Berkeley, Neapel, Rio de Janeiro, Fortaleza, Porto Alegre, Peking und Palermo. Buchveröffentlichungen (u.a.): Der Mensch im Mythos. Ontotheologie, Anthropologie und Selbstbewußtseinsgeschichte in Schellings »Philosophie der Mythologie«, Berlin/New York 2006; Das Absolute und die Welt in Schellings Freiheitsschrift, Bonn 2006; Skeptizismus und Idealismus in der Antike, Frankfurt/Main 2009; als Hg.: Skeptizismus und Metaphysik sowie Warum es die Welt nicht gibt, Berlin 2013.